한국순교자영성의

어제와 오늘

한국순교자영성의
어제와 오늘

한국순교자영성연구소

KSI 한국학술정보㈜

☙ 머리말 ☙

참으로 오랜 세월이 흘렀다.

2000년 대희년을 맞아 새로 시작하는 천 년을,

새로 펼쳐지는 시대를 순교자들과 함께 시작하자는 의미로 준비했던 심포지엄이었는데,

모든 것들이 자기 위주로만 흐르는 세태에

그리고 물질 만능주의를 표방하는 현세대에 무엇을 추구해야 하고 무엇이 중요한 것인지를 알려 주려고 시작했던 학술회였는데

7년이 지나서야 한 권의 책으로 나오게 되었다.

그간 늘 마음의 빚을 지고 살았는데 이제야 그 빚을 좀 덜게 되었다.

大器晚成이라는 말로 돌리기에는 본인의 게으름이 너무 컸음을 인정한다.

많이 늦었지만

그리고 많이 주저했었지만

많은 순교자들의 삶을 그냥 세월 속에 묻어 둘 수는 없기에

그분들이 시대를 뛰어넘어 우리에게 말씀하시는 것들을 세상에 알려야 하겠기에

이제 다시 노력을 경주하려고 한다.

이 논문집이 나오기까지 도움을 주신 분들께 지면을 통해서나마 감사를 드린다.

먼저 출판을 허락해 주신 한국학술정보(주)에 감사드리고 한국순교복자수녀회 쁘로마뗄, 마뗄 암재단의 한치화 교수님과 양승태 국장님, 이중환 검사님, 성은실업 이성우 회장님과 하나테크 이성문 회장님께도 감사의 말씀을 드린다.

2007년 8월 22일

백운산에서 정천

❧ 목 차 ❧

21세기 한국교회 순교영성의 진로모색

한국순교자영성연구의 중요성

한국순교자영성의 사상적 배경

최기복

I. 여는 말

인류는 대망의 21세기 환태평양 시대, 아시아 시대를 맞았다. 가톨릭교회도 첫 번째 천 년의 유럽복음화 시대, 두 번째 천 년의 아프리카·아메리카 복음화 시대를 거쳐, 세 번째 천 년의 아시아 복음화 시대를 맞았다. 앞으로 가톨릭교회의 미래는 현 교황 요한 바오로 2세의 지적대로 아시아 복음화에 달려 있다고 해도 과언이 아니다.[1] 세계 중심권에 위치해 있는 한국교회는 '동방의 빛'으로 아시아 복음화라는 중대한 사명을 부여받고 있다. 한국교회는 다른 나라 교회에 비해 신자 수의 증가, 성소자의 지속적인 유지, 평신도들의 열성 등 활력적 생동성을 갖고 있다. 그러기에 한국교회는 세계

---

[1] 1995년 1월 필리핀 마닐라에서 개회된 아시아 주교회의에서 행한 교황 강론 (<가톨릭신문> 1995년 1월 22일자).

적인 관심과 선망의 대상이 되어 있으며, 한국교회에 거는 세계교회
의 기대 역시 적지 않다. 이러한 한국교회의 활력적 생동력은 여러
요인에서 기인하겠지만, 특별히 일만 명이 넘는 순교 선조들의 피땀
의 신앙 유산과 천상적인 보살핌의 덕분이라 생각한다.

그러나 한국교회는 외적인 화려함에 비해 내적으로 취약하고 부정
적인 측면을 안고 있다. 행방불명자와 냉담자의 증가, 서양교회의 식
민지적 모방, 성직자들의 권위의식과 안주, 영성의 빈곤 등은 매우
염려되는 점으로 흔히 꼽히고 있다. 이러한 한국교회의 외화내빈(外
華內貧)은 근본적으로 영성의 빈곤에서 기인한다고 생각한다. 이렇
게 볼 때 한국적 영성의 정립과 심화는 한국교회의 앞날이 달려 있
는 중대한 문제라 생각한다. 그런데 한국적 영성의 정립과 심화는
한국교회 생동력의 바탕이 되는 순교자 영성에 뿌리를 두어야 한다.
따라서 순교자들의 영성을 재조명하고 현재화하는 작업은 한국교회
의 발전과 성숙을 위해서도, 세계가톨릭의 앞날이 달려 있는 아시아
의 복음화를 위해서도 매우 긴요하고 유익하다고 본다.

그런데 한국 순교자 영성이라 할 때 너무나 광범위하고 막연한
느낌이 든다. 우선 순교자들이 너무나 많고 다양하니, 20세기 공산
치하에서 치명한 순교자들을 제외하더라도 18~19세기 박해시대에
치명한 유명(有名), 무명(無名)의 순교자만도 일만 명이 넘는다. 박
해시기의 순교자들을 대상으로 하더라도, 국적, 성별, 연령, 신분, 직
업, 학식 등에 있어서 천차만별하다. 국적으로 볼 때 프랑스인, 중국
인, 한국인이 있으며, 연령별로는 13세의 어린이로부터 79세의 노인
에 이르며, 신분적으로는 왕족, 양반, 중인, 양민, 천민 등 모든 사회
계층을 망라하며, 직업에 있어서는 고위관리, 농민, 공인(工人), 역관,
상인, 군인, 백정에 이르기까지 각가지며, 교회 직분으로는 주교, 신
부, 회장, 일반 신도를 포괄하며, 학식적으로도 유식한 선비 계층으
로부터 무학(無學)의 서민, 일자무식의 촌부에 이르기까지 다양하다.

이들 순교자들은 동일한 인물이 하나도 없고 유일무이한 존재이듯이 각 사람의 삶과 영성 역시 유일무이한 고유성과 특성을 갖고 있다. 따라서 한국 순교자들의 영성을 회통(會通) 종합하여 정립하는 것은 결코 쉬운 일이 아니요, 좁은 대나무 구멍으로 가없이 넓은 하늘을 보는 격이라 해도 과언이 아니다. 그러나 나무의 가지와 잎이 아무리 많고 다양하더라도 그 줄기는 하나이듯이, 순교자들의 삶과 영성이 십인십색(十人十色)이라 하더라도 특성적인 공통점은 찾을 수 있으며, 이러한 공통적 특성을 한국 순교자 영성이라 할 수 있겠다.

그런데 일반적으로 사람의 됨됨이와 품격은 평소 순탄한 일상생활에서보다는 아주 어려운 곤궁에 처해질 때, 특히 죽음에 처해질 때 잘 드러난다. "추위가 닥친 후에야 송백(松柏)의 청청함이 드러난다"[2]는 옛 성현의 말씀대로, 순교자들의 신앙과 영성의 진수 역시 천주교 신앙으로 인해 박해받고 죽음에 처해질 때 밝히 드러났다고 본다. 따라서 이 논문에서는 한국 순교자들이 죽음에 임해서 어떻게 진술하고 행동했는지를 중점적으로 살펴봄으로써 그들 신앙과 영성의 요체, 특징을 간추려 보고자 한다.

더 나아가 한국 순교자들의 영성이 찬란한 꽃을 피우기까지는 복음의 빛이 영향을 미쳤음은 말할 나위도 없고, 전통 사상과 한국적 영성 풍토 역시 크게 작용했다고 본다. "성령은 인류의 역사적 순례 중의 모든 고상한 사상과 기획의 원천"[3]이시며 "사람들의 마음 안에, 문화 안에, 종교 안에 이룩하신 모든 것은 다 복음을 준비하는 것"[4]이기 때문이다. 따라서 그리스도교가 전래되기 이전에 전통 사상 안에 뿌려진 '말씀의 씨앗'[5]이 어떻게 발아하고 자라서 순교자

---

2) 『論語』「子罕」27.
3) 교황 요한 바오로 2세의 회칙 『교회의 선교사명』 제28항.
4) 위의 책, 제29항.
5) 위의 책, 제28항.

영성으로 꽃피게 되었는지 이해하기 위해 순교자 영성과 관련된 전통 사상적 풍토와 배경을 고찰해 보고자 한다. 이러한 고찰이 앞으로 순교자 영성의 현대화를 위해서, 또한 복음의 토착화와 한국 영성의 정립을 위해서 일조(一助)가 되기를 바란다.

1. 한국순교자영성의 요체와 특성

일반적으로 영성이란 종교적 존재(homo religiosus)요 사회적 존재(homo socialis)인 인간이 궁극적 존재인 절대자와 관계를 맺고서, 내적(개인적)으로는 이상적인 존재가 되고 외적(공동체적)으로는 이상적인 세계를 이루려고 힘쓰는 영적 여정이라 할 수 있다. 이렇게 볼 때, 한국 순교자 영성의 요체와 특성을 파악하기 위해서는 순교자들의 사고방식과 삶 전체를 네 가지 영역으로 나누어 고찰할 필요가 있다고 생각한다. 네 가지 영역은 궁극자와의 관계[對神]인 궁극자관, 자신과의 관계[對我]인 자아관, 세상과의 관계[對物]인 세계관, 타인과의 관계[對人]인 사회관이다.

1) 확고한 천주 신앙과 일편단심의 충성

그리스도교 영성에 있어서 무엇보다 중요한 것은 하느님께 대한 바른 인식과 굳은 믿음이다. 한국 순교자들이 혹독한 형벌 아래서도 순교의 길을 굳건히 갈 수 있었던 것 역시 천주께 대한 명확한 인식과 굳은 믿음에 바탕을 두고 있다. 순교자들은 체포되어 신문을 받을 때 공통적으로 '천주를 배반하라'는 강요를 받았다. 그러나 이들은 '사느냐, 죽느냐'는 생사 결단의 기로에서 한결같이 죽을지언정 천주

를 배반할 수 없다고 신앙 고백을 하면서 처참한 고문과 형벌 아래서
도 천주께 대한 일편단심의 충성을 견지하였다. 자신들이 배교를 할
수 없는 이유는, 천주가 천지만물과 인간의 대주재(大主宰), 대부모
(大父母), 대군주(大君主)임을 확실히 알고 믿기 때문이라는 것이다.

예컨대 성녀 김루시아의 경우, 포장이 "네가 (천주를) 배반치 못하
는 연유를 아뢰라"고 묻자, 그는 "천주는 천지(天地) 신인(神人) 만
물(萬物)을 화성(化成)하시고 제재(制裁)하시고 상선벌악(賞善罰惡)
하시는 대군(大君) 대부(大父)이시라. 만 번 죽어도 배반치 못하나이
다"라고 답변하였다.6)

순교자들이 가졌던 궁극자관의 특징은, 천주를 대주재(大主宰), 대
부(大父), 대군(大君)이라고 공통적으로 고백하고 있다는 점이다. 이
들은 천주가 없음[無]에서 천신, 천지만물, 인간을 창조하시고 주재
하시는 주인이시요, 인간을 돌보시고 구원하시는 인류 공동의 대부
모(大父母)시며, 인간의 행위를 지켜보고 상선벌악하시며 죽은 후에
는 영원한 천당의 복락과 지옥의 형벌로써 심판하시는 공의로운 대
군(大君)이시라고 인식하였다. 천주와 인간 간의 관계를, 주인(임자)
과 종, 대부모와 자녀, 대군주와 신하의 관계로 보았다.

순교자들은 천주를 주인, 대부, 대군이라고 지적으로 인식하였을
뿐만 아니라, 자신과 같은 비천한 존재에 대한 천주의 내리 사랑과
크신 은혜를 늘 생각하고 깊이 느끼면서 감사의 마음을 갖고 있으
며, 일편단심으로 천주께 보본(報本)과 보은(報恩)함이 인간의 도리
라고 확신하였다. 성 권득인(權得仁) 베드로의 경우 "천주학을 어찌
하여 하느냐"는 포장의 질문에, 천주가 대주(大主)일 뿐만 아니라 천
주의 무한한 은혜에 감사하지 않을 수 없기 때문이라고 다음과 같이
답변하였다. "천주는 이에 신인 만물(神人萬物)의 대주(大主)이시니

---

6) 玄錫文, 『기해일기』「김루시아」. 성녀 김루시아(金累時阿)는 1839년 7월 19
   일 서소문 밖에서 참수 치명함.

라. 사람이 세상에 거(居)하여 만물을 쓰고 허다한 은혜를 입었사오
니, 이 은혜가 무한한지라. 어찌 갚기를 도모하지 아니 하리오? 사람
된 자는 부득불 천주를 받들어 섬기리이다."[7]

정하상은 『上宰相書』에서 천주의 크신 은혜와 인간의 응답적 도
리에 대해 보다 상세히 다음과 같이 역설하였다.

"하늘을 창조하시어 우리를 덮어 주시고 땅을 창조하시어 우리를
실어 주시고 일월성신을 창조하시어 우리를 비추어 주시고 초목과
금수와 금은동철은 우리가 누리고 사용하게 하시니 모태에서 출생하
여 장성할 때까지 각가지의 크신 은혜가 한이 없으니, 인간의 본분
이 마땅히 어떠해야 하겠습니까? 만일 하늘을 이고 땅을 밟고서 입
고 먹기만 한다면 인간을 내신 천주의 은혜를 저버림이 이보다 더
클 수 없을 것입니다. 비유컨대 아버지가 집을 짓고 살림을 마련하
여 아들에게 주어 쓰게 하였는데, 그 아들이 그 집에 살고 살림을
쓰면서 스스로 잘난 체하여 부모를 섬기는 도리[事親之道]와 근본을
갚는 뜻[報本之意]을 모르면 이것이 효도입니까 아니면 불효입니까.

사람이 이 세상에 삶에 있어 털끝만 한 것도 모두 천주의 힘입니
다. 내시고 기르시고 도우시고 돌아보시고 보호하시고 인도하십니다.
죽은 후 받을 상이 있음은 물론이요 현재 받고 있는 은혜만도 이미
지극하여 비할 바가 없으니, 우리가 일신을 다 바쳐 받들어 섬김이
어떠해야 만분의 일이라도 보답하겠습니까?"[8]

더욱이 순교자들은 자신을 천주교에 입교하여 천주의 자녀가 되게
해 주신 은혜에 깊은 감사의 마음을 갖고 있었으며, 심지어는 천주
교를 믿기 때문에 박해와 죽음을 당하게 된 것 역시 생명의 임자이
신 천주께 보본(報本)과 보은(報恩)을 할 수 있는 기회이며 천주께
로부터 천상(天上) 영복을 받을 수 있는 홍은(鴻恩)이라 생각하고

---

7) 현석문, 『기해일기』 「권 베드로」.
8) 丁夏祥, 『上宰相書』.

기뻐했던 것이다.

성 최창흡 베드로의 경우, 형장으로 치명하러 가면서 옥중에 있는 자기 아내와 딸에게 전해 달라고 옥졸에게 말하기를 "비통함은 육정(肉情)이니, 주은(主恩)을 감사 찬양하고, 내 뒤를 따르라"9)고 하였다. 또한 성 고순이 바르바라의 경우 수차례의 참혹한 형벌에도 굴하지 않고 말하기를 "상시(常時)에는 치명 말만 들어도 무섭더니 성신(聖神)의 총은(寵恩)으로 이 같은 극악 대죄인을 도우시니, 겁이 없고 즐거워 이렇게 쉬운 일을 전에는 모름이로다"고 하였고, "흔연용약(欣然勇躍)하여 죽을 날을 기다리며 날마다 몇 번씩 손꼽아 헤아리더니 치명할 때에 상주(上主)의 홍은(鴻恩)을 감사하고 즉시 칼을 받았다."10)

이렇게 순교자들은, 우주 만물의 주인이요 대부(大父) 대군(大君)이신 천주는 존엄한 위치로 보나 인간에게 베풀어 주시는 은혜로 보나 이 세상의 누구보다도, 심지어는 부모, 군왕, 부부보다도 절대적인 존재요 충성으로 받들어 섬겨야 할 존재라고 믿었다. 아무리 부모와 군왕이라 하더라도 모두 천주의 피조물이기 때문에 창조주 천주와는 비교할 수도, 대응할 수도 없다고 확신하였다. 그러므로 왕의 명이나 부모의 명령은 어기고, 사회로부터 버림을 받고 목숨을 잃을지언정 천주의 명령은 어길 수 없고 천주는 배반할 수 없었던 것이다.11)

성 이문우(李文祐) 요한의 경우, 포장에게 이렇게 말했던 것이다. "살기를 좋아하고 죽기를 싫어함[好生惡死]은 사람의 떳떳한 정(情)이오니, 어찌 일부러 죽으려 하오리까마는, 국명(國命)을 듣사오면 천지(天地) 신인(神人) 만물(萬物)의 대군(大君) 대부(大父)를 배반하

9) 현석문, 『기해일기』「최 베드로」.
10) 현석문, 『기해일기』「고 바르바라」.
11) 丁夏祥, 『上宰相書』. 이러한 천주(天主) 명령의 절대성은 『天主實義』에서도 三父說로써 주창되고 있다.

오니, 죽사와도 그것은 못 하옵니다."[12)

2) 영혼구원의 열정과 육신의 고신극기(苦身克己)

한국 순교자들은 인간이 이 세상에 태어나 사는 의미와 목적이 "천주를 알아 공경하고 자기 영혼을 구하기 위함[事主救靈]"이라고 믿어 왔다. 성녀 손소벽(孫小碧) 막달레나의 경우 어려서부터 '성교를 행하여 사주구령(事主救靈)을 하여야 지옥 영고(永苦)를 면하고 천당영복(永福)을 누리겠다'고 생각하고 실천하였다.[13) 1799년에 치명한 원 야고버는 판관이 "네가 천주교를 믿는다는 말이 참말이냐"고 묻자, "과연 천주를 섬기고 제 영혼을 구하기 위하여 천주교를 봉행합니다"고 답변하였다.[14) 이러한 인생관은 박해시대뿐만 아니라 최근까지도 한국에서 통용되던 『천주교 요리 문답』 제1조목으로 무엇보다 강조되고 철저히 교육되어 왔다.

순교자들은 인간을 천주로부터 창조된 피조물로서, 신적인 영혼과 물질적인 육신으로 결합된 존재라고 믿었다. 박해시대 표준 교리서 격인 정약종(丁若鍾)의 『주교요지』에서는 영혼과 육신에 대해 다음과 같이 설명하고 있다.

"사람의 영혼은 위로 천신과 같고 육신은 아래로 짐승과 같은지라. 그 영혼은 신령하고 명리(明理)하기로 만사를 통달하여 천신과 같고, 그 육신은 귀와 손과 발과 입이 있기로 음식을 먹고 운동하여 짐승과 같으니, 짐승과 같은 육신이 짐승같이 죽을 제는 그 천신과 같은 영혼은 천신과 같이 길이 살리라"[15)

---

12) 현석문, 『기해일기』「이 요한」.
13) 현석문, 『기해일기』「손 막달레나」, 샤르르 달레『한국 천주교회사』(中) pp.516
   -517, 531. 최창흡 베드로의 아내로서 1840년 1월 31일 당고개에서 치명함.
14) 샤르르 달레, 『한국 천주교회사』(上) p.418.
15) 정약종, 『주교요지』상편「사람이 죽은 후에 영혼이 있어 상과 벌을 받나니라」.

육신은 진흙으로 만들어진 물질적인 요소로서 죽으면 짐승과 같이 썩어 없어지지만, 영혼은 천주의 모상을 닮은 신령한 요소로서 생각하고 판단할 수 있는 자립체(自立体)이므로 육신이 죽더라도 영원히 불사불멸(不死不滅)한다는 것이다. 인간이 만물 중에 가장 귀중한 존재, 만물의 영장이 되는 것은 바로 이 영혼이 있기 때문이다.[16] 모든 사람이 천주 앞에서 평등하고 각자의 인권이 존엄하고 동등한 것 역시 천주로부터 창조될 때 영혼을 부여받았기 때문이다. 한마디로 인간의 가치와 존엄은 바로 이 영혼에 있는 것이다. 따라서 인간이 이 세상에 살면서 해야 할 가장 중요한 대사(大事)는 영혼을 구하는 것이라고 굳게 믿었다.

선교사들이 온갖 고난과 죽음의 위험까지도 무릅쓰고 조선에 온 목적도 한 마디로 영혼구원에 있었다. 주문모(周文模) 신부는 "왜 조선에 왔느냐"는 관장(官長)의 물음에, "내가 조선에 온 목적은 한 가지뿐이었소. 즉 참된 종교를 전하고 그렇게 함으로써 이 불쌍한 백성의 영혼들을 구하는 것이었소"라고 답변하였다.[17] 성 장경일(張敬一) 베르뇌 주교 역시 1857년의 사목서한『장주교윤시제우서(張主敎輪示諸友書)』에서 영혼구원이 최대의 관심사임을 강조하면서 영혼구원에 대한 열정을 밝히고 있다.

"주의 은혜로 너희 가운데 수년을 무사히 지내고 다른 데 한 번도 마음을 나누지 아니하고 진심갈력하여 내 소임을 다하고자 하매, 주야로 끊임없는 진정으로 호흡에 사모하여, 너희 영혼을 다스리고 구하려 하여, 마음에 생각이 이 하나뿐이로다. 집에 있든지 공소에 가든지, 공부하나 염경(念經)하나, 항상 지원(至願)은 너희 영혼이요, 일삼기도 너희 영혼이다."[18]

---

16) 丁夏祥,『上宰相書』.
17) 샤르르 달레,『한국 천주교회사』(上) p.478.
18) 張敬一,『장주교윤시제우서』,『순교자와 증거자들』(한국교회사연구소, 1982) p.166.

천주를 공경하는 것[事主]과 자기 영혼을 구하는 것[救靈]은 내외 (內外), 본말(本末)의 관계와도 같이 불가분의 관계에 있으니 천주를 공경하고 그 뜻[天命]을 충실히 따름으로써만 영혼이 구원을 받게 되는 것이다. 인생의 제일 목적인 영혼구원을 위해서는 무엇보다 먼저 천주를 만유에 공경하여 섬기고[愛主] 다른 사람을 내 몸처럼 사랑해야 한다[愛人]는 것이다.

그런데 이 세상에는 인간으로 하여금 천주 공경[愛主]과 이웃 사랑(愛人)을 하지 못하도록 하고 죄로 유인하는 세 가지 원수가 있으니, 마귀, 세속, 육신인 것이다. 인간의 육신 역시 원죄로 인해 타락한 후에는 인간을 죄로 유인하므로 원수로 전락하였다는 것이다. 따라서 이 세상에서 영혼을 구하는 길은 바로 이 세 원수와의 삼구전쟁(三仇戰爭)에서 승리하는 것이다.

그런데 삼구(三仇) 중에도 육신이 제일 문제되는 원수이니, 마귀와 세속에 비해 육신은 영혼과 결합되어 있어서 언제나 영혼으로 하여금 선을 행하지 못하고 악을 행하도록 유인하기 때문이다. 그러므로 육신의 욕망을 절제하고 끊어 버리는 고신극기(苦身克己)가 선을 행하고 영혼을 구하기 위해 무엇보다 우선적이고 중요한 관건인 것이다. 「선종가」에서는 결론적으로 육신이 제일의 원수요 고신극기가 무엇보다 중요함을 이렇게 역설하고 있다.

"육신사욕 따르다가 영혼 길을 닦을 소냐
제일 원수 육신이요 더러운 게 육신이라.
고신(苦身)하고 극기(克己)하여 육신 먼저 이긴 후에
평상성총(平常聖寵) 얻어 입고 선종함을 얻으리라."[19]

그러나 삼구전쟁에서의 승리, 특히 육신의 고신극기는 인간의 힘

---

19) 「선종가」『敎會史硏究』 제3집(한국교회사연구소, 1981) pp.320-321.

만으로는 불가능하고 천주의 도우심[恩寵]이 절대로 필요한 것이다. 천주의 은총을 얻는 방법으로는 특별히 기도와 성사가 중요하였다. 따라서 순교자들은 한결같이 기도를 열심히 바쳤으며, 아울러 성사 배령 특히 성체성사와 고백성사에 힘썼다.

그런데 육신에 대한 싸움인 고신극기는 죽음으로써 완수된다. 죽음을 통해 영혼은 육신의 감옥에서 해방되어 자유로운 상태가 되며, 눈물의 골짜기요 신전장(神戰場)인 이 세상에서 탈출하여 본고향인 천당에 가게 된다고 믿었다. 이런 맥락에서 순교자들은 늘 본향(本鄕)인 천당을 그리워하면서 살았으며, 천주를 위한 치명(爲主致命)을 통해 영혼을 구하고 천당영복을 누리기를 원했던 것이다. 예컨대, 이순이(李順伊) 누갈다의 경우, "눕거나 앉거나 구하고 원하는 바는 치명(致命)의 은혜"[20]라고 고백하였고, 흔연한 기쁨 중에 순교하였던 것이다.

3) 내세 천당의 갈망과 현세의 포기

순교자들은 영혼구원을 인생의 최대 과제요 목적으로 생각했으며, 아울러 죽은 후의 내세 천당을 최종 지향처요 본고향[本鄕]으로 생각했다. 사람이 죽으면 물질적인 육체는 썩어 없어지나, 신령한 자립체(自立体)인 영혼은 불사불멸하여 천주대전에 나아가 세상에서의 행실에 따라 공의로운 심판을 받으니, 선한 자는 상으로 천당영복을 받고, 악한 자는 벌로 지옥영벌을 받게 된다고 믿었다. 따라서 천당 영복은 인간의 궁극적인 목표이기에 순교자들은 한결같이 천당영복을 간절히 열망하였다. 성녀 이연희(李連熙) 마리아의 경우, "세상일에는 생각이 없고 바라는 것이 주모(主母)이시요 향하는 바가 천당"[21]이었던 것이다.

---

20) 「이 누갈다가 두 언니에게 보낸 편지」『순교자와 증거자들』 p.77.
21) 현석문, 『기해일기』「이 마리아」. 이연희 마리아는 1939년 9월 4일 서소문 밖에

그런데 순교자들은 천당과 지옥을 시공간적으로 이해하였다. 즉 천당과 지옥은 인간이 죽어야만 갈 수 있는 곳으로, 천당은 하늘 위에, 지옥은 땅속에 있다는 것이다. 천당은 천주, 천신, 성인들이 거하는 모든 복(福)의 구비처로서 천주를 직접 대면하여 그 영광을 보고 누리며 더 원할 것 없이 완전하고 영원한 행복을 누리는 영복소(永福所)이다.[22] 반대로 지옥은 악마와 악인이 이 세상 고통에 비할 바가 아닌 혹독한 고통을 끝없이 받는 곳으로, 맹렬한 불속에서의 갖가지 고통[有形之苦]과 천당영복·천주직관(天主直觀)의 영원한 상실이라는 실고(失苦)를 당하는 영벌소(永罰所)라는 것이다.[23]

순교자들은 현세를 잠세(暫世), 주막[逆旅] 등으로 생각하고 관심과 애정을 둘 곳이 못 된다고 생각했다. 천주 가사 「사향가(思鄕歌)」에서는 이 세상의 행복과 불행이 죽음으로써 너무나 덧없이 사라짐을 지적하면서 현세를 '눈물의 골짜기[涕泣之谷]', '귀양소[竄流之所]'로 표현하고 있다.

"인간 영복(永福) 다 얻어도 죽어지면 허사되고
세상 고난 다 받아도 죽어지면 그만이라
우주 간의 빗겨서서 조화묘리 살펴보니
체읍지곡(涕泣之谷) 그 아니며 찬류지소(竄流之所) 이 아니냐."[24]

"천주 가사에서 현세는 '헛된 세상'(「선종가」), '逆旅 같은 세상'(「삼세대의」), '風塵世界', '涕泣之谷', '竄流之所'(「사향가」) '風燈 같은

서 참수 치명하였다. 이러한 사후 천당에 대한 갈망은 이순이 누갈다에게서도 잘 드러난다.(「이 누갈다가 두 언니에게 보낸 편지」『순교자와 증거자들』 p.79.)
22) 정약종, 『주교요지』「천주 천당·지옥을 두시어 세상 사람의 선악을 시험하여 갚으시나이다」.
23) 위의 책, 「지옥은 천당과 맞은 짝이 되나니라」, 졸고『유교와 서학의 사상적 갈등과 相和的 이해에 관한 연구』(성균관 대학교 박사학위 논문, 1989) p.99.
24) 현석문, 『기해일기』「조 가롤로」.

세계'(「피악수선가」) 등으로 인식되어 있다. 현세를 이처럼 부정적으로 인식하게 된 원인은 죽음이다."25) 세상적 가치는 죽음으로써 초로(草露)와 같이 사라져 버리기에, 현세는 안거(安居)할 수 없는 '헛된 세상'이며 '풍진세계(風塵世界)'인 것이다. 이 세상의 의미는 오로지 천주의 천당영복과 지옥영벌을 받기 위한 '시험장'이요 삼구(三仇)와의 싸움을 하는 신전장(神戰場)인 것이다. 이 순간적인 세상살이[暫世]에 의하여 영원한 행복과 영원한 형벌이 결정되므로, 오로지 천당영복만 희망하면서 애주애인(愛主愛人)과 수덕(修德)에만 힘써야 한다는 것이다. 눈물의 골짜기요 귀양소인 이 세상에서 해방되어 본향(本鄕)인 천당에 갈 수 있는 길은 오로지 죽음을 통해서다. 특별히 천주를 위해 치명[爲主致命]할 때 본향에 속히 가게 될 뿐만 아니라 천국 영복을 보장받으므로, 대체로 순교자들은 평소 위주치명을 원했던 것이다. 예컨대 기해박해(1839년) 때에 마음 약해진 이성례(李聖禮) 마리아에게 감옥에 함께 있던 다른 교우들이 권면하기를 "위주치명하여 세옥(世獄)과 지옥을 면하고 천당에 올라 대부모(大父母)를 뵈옵고 모든 신성(神聖)과 한가지로 무강지수(無彊之壽)를 누리자"26)고 했던 것이다.

순교자들은 대체로 사형 집행을 위해 형장으로 끌려갈 때 안색이 화평하고 흔연한 모습을 지녔던 것이다. 위주치명(爲主致命)을 통해 그렇듯이 그리던 본향(本鄕) 천당에 가서 님이신 천주를 뵈옵고 영원한 복락을 누리게 된다고 확신하였기 때문이다. 성 조신철(趙信喆) 가롤로의 경우 "형장으로 나갈 때에 안색이 화평하고 기운이 여상(如常)하여 낙락(樂樂)히 염경(念經)하며 칼을 받을 때 흔연히 웃었다."27) 윤지충 바오로 역시 "즐거운 표정으로 나아가며 죽음을 향해

---

25) 梁熙讚, 「박해 시대 천주 가사에 나타난 현세적 의식과 신앙관에 대한 고찰」 『한국천주교회사의 성찰』(한국교회사연구소, 2000) p.425.
26) 현석문, 『기해일기』 「이 마리아」.

가는 것을 마치 잔치에 나가듯 하였다."[28] 강완숙(姜完淑) 골롬바와 다른 네 명의 여인들도 형장에 나갈 때 기쁨 중에 천주를 찬미하기를 그치지 않았던 것이다.[29]

사형대 앞에서 순교자들이 보여 준 생사초탈의 영웅적 행위, 평온하고 의연함, 기쁨의 모습 등은 다른 신자들에게 큰 용기와 위로를 주었고, 외교인들에게는 놀라움과 함께 감명을 주었으며, "천주교를 알게 하고 복음을 전파하는 데 크게 이바지하였다."[30]

4) 신앙적 형제애와 나눔의 교우 공동체

순교자들은 일편단심의 천주 신앙을 위주치명(爲主致命)과 몰아적(沒我的) 형제애로 불태워 발현했다. 그들은 박해의 어려움 중에서도, 더욱이 감옥의 처참한 상태에서도 주위 사람들에게 나눔과 섬김의 형제애를 발휘하였다. 이러한 사랑의 실천[愛人]은 주위 사람들에게 감탄과 함께 감동을 주었으며 천주교 신앙의 참됨을 알리는 데 크게 기여했던 것이다.

성녀 정정혜(丁情惠) 엘리사벳의 경우, "옥에 다시 갇히자, 기도와 갇힌 이들을 보살피는 것으로 나날을 보냈고, 그 불쌍한 사람들을 도와줄 수 있도록 밖에 나가서까지 구원을 청하기를 꺼리지 않았다. 이 자선사업에 어떻게나 집념하였던지 형장으로 떠나면서까지 교우들에게 "무엇보다 가난한 사람들과 고통받는 사람들을 위해서 기도 많이 해 주세요" 하는 말밖에는 하지 않을 정도였다."[31] 또한 성녀 홍금주(洪今珠) 뻬르뻬뚜아 역시 "옥중에 있으면서 여러 교우의 장

---

27) 현석문, 『기해일기』「조 가롤로」.
28) 샤르르 달레, 『한국천주교회사』(上) p.354.
29) 샤르르 달레, 『한국천주교회사』(上) p.501.
30) 위의 책 p.356.
31) 샤르르 달레, 『한국천주교회사』(中) p.501.

처(杖處)의 농즙을 씻기고, 이도 잡아 주며, 온갖 시종하기로 일을 삼아 남 돌보기를 자기 몸보다 지나게 하니, 옥중 교우들이 마치 자애로운 형 같이 바라보았다."[32]

순교자들은 대부분 문초 과정에서 다른 신자들의 이름을 대라는 심한 추궁과 함께 모진 고문을 받았다. 그러나 그들은 한결같이 사람의 생명을 상해하는 것은 천주의 계명을 어기는 것이므로 정녕코 할 수 없다고 대답하면서 시종일관 함구함으로써 생명의 주인인 천주께 대한 충성[愛主]과 천주의 자녀인 형제에 대한 사랑[愛人]을 동시에 몸으로 실천했던 것이다. 예컨대 조신철(趙信喆) 가롤로의 경우, 관장이 천주교 동료들의 이름을 대라고 추궁하자 "천주의 계명이 사람을 해하지 마라 하시니, 당(黨)을 대지 못하나이다"라고 답변했던 것이다.[33]

이렇게 자신의 한 몸을 돌보기도 벅차고 힘든 극한 상황에서 자신보다는 이웃을 생각하고 마음 쓰는 이들의 나눔과 섬김의 애인(愛人) 정신은 평소 그러한 삶이 몸에 배었기 때문에 자연스럽게 우러나왔다고 본다. 순교자들은 공통적으로 군난 중의 극빈한 상황에서도 불쌍한 사람들을 돌보아 주고 궁핍한 이웃과 재물을 나누었던 것이다. 샤르르 달레는 1801년 신유박해 후의 신자들의 형제애의 모습을 이렇게 전해 주고 있다. "모든 이가 그 가난한 가운데서도 아주 아무것도 없는 형제들에게 무슨 도움을 베풀어 줄 줄을 알았고, 과부와 고아를 거두어 주니, 이 불행한 시절보다 우애가 더 깊었던 일은 일찍이 없다고 할 수 있다. 이 일을 목격한 노인들은 그때에는 모든 재산이 정말 공동으로 쓰였다고 말한다."[34]

---

32) 현석문, 『기해일기』「홍 뻬르뻬뚜아」. 홍금주 뻬르뻬뚜아는 1839년 9월 26일 서소문 밖에서 참수 치명함.
33) 현석문, 『기해일기』「조 가롤로」.
34) 샤르르 달레, 『한국 천주교회사』(中) pp.16-17.

구체적인 실례를 든다면, 성 최경환(崔京煥) 프란치스코의 경우, 평소 자신의 의식주(衣食住)는 박(薄)하게 하고 애긍은 힘써 하며 입은 옷이라도 헐벗은 사람에게 입혀 주었으며, 흉년이 들면 주변에 사는 가난한 이들을 백방으로 도와주었고, 과일을 추수할 때가 되면 가장 좋은 것을 골라 이웃의 가난한 사람들에게 나누어 주었다. 더욱이 자기를 체포하러 온 포졸들을 손님과 같이 극진히 대접하고 그들에게 옷까지도 주었던 것이다.[35]

이러한 섬김과 나눔의 형제애는 인간은 누구나 천주의 자녀이고 인류는 형제라는 의식에 바탕을 두고 있다고 생각한다. 순교자들은 천주가 우주 만물의 창조주요 인류 공동의 아버지[大父]이시므로, 인간은 누구나 천주 앞에서 평등한 형제로 보았다. 또한 인류의 시조는 아담과 에와로서, 온 세상의 모든 사람이 다 그 자손이 되므로 한 부모에게서 태어난 동기(同氣)와 같다는 것이다.[36] 이렇게 볼 때 부모께 대한 진정한 효도(孝道)는 형제에게 대한 우애(弟)로 표현되듯이, 대부모인 천주께 대한 사랑[愛主]은 이웃에 대한 사랑[愛人]으로 표현되어야 하는 것이다. 따라서 순교자들은 교회 창립 초기부터 신분의 장벽, 남녀의 차별, 빈부의 차이 등을 깨고 평등한 천주의 자녀로서 대했으며 천주교 신자 상호간에는 '교우(敎友)'라는 호칭을 사용하였다. 이러한 평등 정신과 형제애는 당시 엄격한 유교적 신분제와 가부장제 아래서 신음하던 서민층과 여성에게 큰 희망의 기쁜 소식[福音]이 되었다. 황일광(黃日光) 알렉스의 경우, 당시 가장 천시를 받던 백정 출신인데도 신자들이 그의 신분을 알고도 형제로 대해 주자 감격하여 자기에게는 천당이 둘 있으니 "이 세상에 하나,

---

35) 현석문, 『기해일기』 「최 방지거」, 『최양업 신부의 서한』 「르그레즈 신부에게 보낸 1851년 10월 15일자 편지」 pp.159-163, 샤르르 달레 『한국천주교회사』 (中) pp.430-432.

36) 정약종, 『주교요지』 하편 「세상이 본디 좋더니 사람의 처음 조상이 천주께 득죄하매 좋던 세상이 괴로워지고 착하던 사람이 그릇되었나니라」.

또 후세에 하나"37)라고 말하곤 하였다.

계속되는 심한 박해로 인해 신자들은 외교인들과 섞여 살면서는 도저히 신앙생활을 제대로 하기가 어렵게 되자, 고향과 친척과 재산을 포기하고 심심산골로 들어가 소 공동체의 교우촌을 이루게 되었다.38) 박해시대의 교우촌은 천주 신앙과 형제애를 바탕으로 하여 이루어진 비혈연(非血緣)의 신앙 공동체였다. 다시 말해 "교우촌은 예수 그리스도의 이름으로 모인 하느님의 공동체, 기도하는 공동체, 인간의 소유욕과 근심·걱정에서 떠난 공동체, 천주 신앙 하나로 공생 공존하며 인간의 존엄성이 강조되고 인간 평등이 구현되던 공동체였다. 선교사들은 교우촌이 사도시대의 초대교회 생활을 재현한 것으로 인식하였으며, 세계교회는 이 점을 경탄하였다."39)

이러한 섬김과 나눔의 교우 공동체는 재산까지도 공동으로 함께 쓸 만큼 천주 신앙과 형제애로 뭉쳐진 신앙 공동체였다. 이들은 '혈육의 집안'을 넘어서 비혈연의 '하느님의 집안'40)을 형성함으로써 완성될 하느님 나라의 예표를 제시하였다. 『사도행전』에 나오는 초대교회 신자들의 나눔과 친교의 공동생활이 당시 사람들에게 감명과 동경을 불러 일으켜 선교를 위해 최상의 길이 되었듯이, 한국 신자들의 교우 공동체 역시 주위 사람들에게 감명과 매력을 주었고, '복음화의 힘'이 되었다. 박해 시절 '소리의 언어'로는 도저히 전교를 할 수 없는 상황에서, 교우 공동체의 '몸의 언어'는 '선교의 원동력'41)이었고 복음 선포를 위한 최상의 길이었다.

37) 샤르르 달레, 『한국 천주교회사』(上) p.474.
38) 『최양업 신부의 서한』「르그레즈와 신부께 보낸 1850년 10월 1일자 서한」pp.79-81, 113.
39) 김진소, 「한국 천주교회의 소 공동체 전통」『민족사와 교회사』(한국교회사연구소, 2000) p.256.
40) 황종렬, 「한국 초기 가톨릭 신앙인들의 '하느님의 집안' 체험」『한국 천주교회사의 성찰』(한국교회사연구소, 2000) pp.187-191.
41) 『교회의 선교사명』 제60항.

2. 순교자영성의 배아(胚芽)와 한국적 영성 풍토

하느님께서는 인간을 당신 모상대로 창조하시고 당신의 얼을 부어 주셨기에, 종교적 존재인 인간은 비록 죄로 인해 타락하고 상처를 받았다 하더라도 자신 안에 내재해 있는 '말씀의 씨앗'42)을 간직하고 발아시키어 키우려 하고 있다. 성령께서는 인간의 상상을 초월하는 방법으로 이 '말씀의 씨앗'이 제대로 성장하고 꽃을 피우도록 섭리하고 계신다. 이러한 "성령의 현존과 활동은 개인뿐만 아니라 사회와 역사와 문화와 종교에도 적용된다. 참으로 성령은 인류의 역사적 순례 중의 모든 고상한 사상과 기획의 원천이시다."43), "성령께서 사람들의 마음 안에, 문화 안에, 종교 안에 이룩하신 모든 것은 다 복음을 준비하는 것"44)으로 그리스도와 관계를 맺고 있으며, 그리스도 안에서 성숙되고 완성되는 것이다. 이렇게 볼 때 성령께서는 우리 민족의 심성과 문화 안에 순교자 영성의 '씨앗'을 이미 뿌리셨으며, 우리 민족으로 하여금 그 씨앗을 잘 간직하고 발아토록 역사하셨다고 믿는다. 그리스도교 전래 이후에는 복음의 빛을 받아 이 '말씀의 씨앗'이 더욱 성장하고 찬란한 꽃을 피우도록 특별한 은총으로 안배해 주셨다고 생각한다. 그렇다면 순교자 영성과 관련하여 우리 민족의 심성과 사상 안에 뿌려진 '말씀의 씨앗'이 무엇이며, 우리 순교 선조들은 어떻게 그리스도교 교리와 연관시켜 영성의 꽃을 피우게 되었는지 살펴보고자 한다.

---

42) 교황 요한 바오로 2세의 회칙 『교회의 선교사명』 제28항.
43) 상동.
44) 위의 책, 제29항.

1) 전통적 경천사상(敬天思想)과 생명의 임자의식

한국 순교자 영성의 바탕은 궁극적 존재인 천주께 대한 명확한 인식과 확고한 신앙에 있다. 순교자들은 천주를 생명의 임자, 인류의 대부대군(大父大君)이라고 인식하였다. 천주께 대한 인간의 도리는 보본(報本)과 보은(報恩)을 하며 일편단심의 충성으로 공경하고 섬기는 것이다.

한국인은 고대에서부터 우주 만물과 인간의 궁극적 존재로서 하느님을 인식하였고 하느님께 대해 경외하고 공경하는 경천사상(敬天思想)을 갖고 있었다.[45] 한국 민족의 시조 설화인 '단군신화'에서는 우리 겨레의 시조 단군이 하느님의 자손이며 그는 하느님의 뜻을 받들어 세상을 통치했음을 일깨워 주고 있다. 이러한 경천사상은 끊임없이 계승되어 삼국시대에는 특히 제천(祭天) 의례로써 표현되었는데, 고구려의 '동맹(東盟)', 부여의 '영고(迎鼓)', 예의 '무천(舞天)' 등을 들 수 있다. 불교를 국교로 삼은 고려에서도 제천(祭天) 의례를 계속 봉행하였으며, 유교를 지배 이념으로 한 조선조(朝鮮朝)에서도 제천 의례가 면면히 이어져 왔다. 비록 봉건주의적 명분론에 의해 중간에 약 400년간 거행되지 못했으나, 하느님을 궁극적 절대자로 인식하고 섬기는 경천사상(敬天思想)은 계속 이어져 왔다. 이 유교적 제천 의례에서 왕은 하느님[天]의 아들과 신하로서 국민을 대표하여 보본(報本)과 보은(報恩)의 공경을 성대한 의례로 드렸던 것이다. 이 제천 의례의 축문(祝文)에서 왕은, "하느님[天]의 맏아들[嗣子]이요 신하인 ○○는 감히 호천상제(昊天上帝)께 밝히 고(告)합니다."고 함으로써 자신이 하느님의 맏아들이요 신하임을 명확히 하였다.[46]

---

45) 金敬琢, 「韓國原始宗敎史」 (=) 『韓國文化史大系』 Ⅵ(고대민족문화연구소, 1970) pp.115－176.
46) 졸고, 「유교의 祭天儀禮」 『이성과 신앙』(수원 가톨릭 대학교, 1993) pp.36－50.

물론 천주교회 박해 당시의 지배 이념이었던 성리학적 유교에서는 천주교의 초월적이고도 위격적(位格的)인 천주 개념을 철학적이고도 비위격적(非位格的)인 태극이기론(太極理氣論)에 입각해서 비판하고 배척하였다. 그러나 공맹(孔孟)의 선진유학(先秦儒學)에서는 궁극자를 상제(上帝)나 천(天)이라 호칭하고 위격적 궁극자관을 갖고 있었으며, 천명을 알고[知天命] 천명에 순응함[順天命]을 인간의 삶과 수양의 가장 중요한 바탕으로 삼고 있는 것이다.

이러한 한국의 전통적인 경천(敬天) 사상은 순교자들의 확고한 천주 신앙으로 성숙되었고, 왕이 '하느님의 아들이요 신하'라는 인식은 천주교의 신분타파와 창조론에 입각해서 모든 인간이 천주의 자녀요 신하라는 인식으로 확충되었다고 생각한다.

또한 한국에서는 '하늘 아버지[天父] 땅 어머니[地母]'의 관념이 강하다. 이것은 궁극자가 둘이 있다는 뜻이 아니라, 궁극자의 두 가지 성격 내지 성향을 뜻한다. 유교에서 매우 중시하는 『서명(西銘)』에서는 "하늘을 아버지로 칭하고 땅을 어머니로 칭한다[乾稱父 坤稱母]"라고 강조하고 있으며, 또한 '하늘 아버지[天父]'에 대한 제천 의례와 함께 '땅 어머니[地母]'에 대한 제지(祭地) 의례를 중시하였다. 예컨대 세조(世祖) 때의 제천 의례에서는 지모신(地母神)을 함께 배석시켜 제사를 드렸던 것[配祀]이다.[47] 이러한 천부지모(天父地母)의 사상은, 모든 생명은 음양(陰陽), 남녀(男女)의 조화에서 이루어진다는 음양사상과, 인간 역시 아버지와 어머니의 결합에서 탄생되며 효도 역시 양친에게 해야 한다는 효도사상에 기인하고 있다고 하겠다.

이러한 한국의 '하늘 아버지, 땅 어머니' 관념은 한국 순교자들이 천주 공경 못지않게 성모 마리아 공경을 극진히 한 것과 맥을 함께 한다고 생각된다. 순교자들은 '아버지 천주와 어머니 마리아'를 병합

---

47) 졸고, 「유교의 제천의례」 pp.44-45.

하여 '주모(主母)'로 칭하고 다급할 때는 늘 '예수 마리아'를 불렀으며, 특히 성모 마리아께 묵주기도를 열심히 바쳤다. 이러한 특별한 성모 신심은 오늘날까지도 이어져 내려오고 있는데, 이것은 한국에 뿌리 깊은 음양사상과 효사상(孝思想) 및 민간신앙에서의 여성 중시 등과 융합되어 이루어졌다고 생각됩니다.

한국인은 전통적으로 유교사상의 영향으로 부모에게 대한 효(孝)와 임금께 대한 충(忠)을 중요시해 왔다. 유교는 '효의 종교'라고 할 만큼 부모께 대한 효도를 중시하였고, 효를 모든 행위의 근본이요 수도(修道)의 실천적 근본이라 하여 중요시하였다. 그런데 효의 근본정신은 가장 귀중한 생명과 삶을 조건 없이 주시고 극진한 사랑과 은혜를 베풀어 주신 생명의 근원인 부모께 감사의 응답을 하는 보본(報本) 보은(報恩)에 있다. 유교에서 효의 극치는 부모 섬김과 하느님[天] 섬김을 연결시켜서 "부모 섬기기를 하느님[天] 섬기듯이 하고, 하느님[天] 섬기기를 부모 섬기듯이 함[事親如事天, 事天如事親]"에 있다. 그런데 이 효는 부모에게만 국한되지 않고 형제에 대한 우애[弟], 군주에 대한 충성으로 이어져 확충되었다.[48] 임금에 대한 신하의 일편단심의 충성은 정몽주의 「단심가(丹心歌)」, 사육신(死六臣)의 「충절(忠節)」, 정철의 「사미인곡(思美人曲)」 등에서 잘 드러난다.

이러한 한국의 전통적인 보본 보은의 효도와 일편단심의 충성은 순교자들에게 대부대군인 천주께 대한 절대적인 보본 보은과 충성으로 자연스럽게 연결되어 꽃피게 되었다고 생각한다. 천주가사 「충효가(忠孝歌)」에서는 천주를 군주와 부모같이 사랑하고 천주의 계명을 받들어 따라서 천주의 효자(孝子) 충신(忠臣)이 되는 것이 천주를 가장 잘 섬기는 것이라고 읊고 있다.[49] 어떠한 형벌과 고문, 심지어는 죽음 앞에서도 "님 향한 일편단심이야 가실 줄이 있으랴"고 고백

---

48) 졸고, 「유교와 서학의 사상적 갈등과 상화적 이해에 관한 연구」 pp.249-250.
49) 하성래, 『천주가사연구』(성황석두루가서원, 1985) pp.274-279.

한 선비들의 의리 충절은 "만 번 죽더라도 천주는 배반할 수 없
다"50)는 순교자들의 천주 신앙으로 연결되고, 마침내는 위주치명(爲
主致命)으로 찬란히 꽃피워지고 열매 맺게 되었다고 본다.

또한 한국인은 전통적으로 임자의식이 강하였다. 심지어 부부간에
는 서로를 부르는 호칭으로 '임자'라는 말을 사용하기까지 하였다.
그러므로 남편과 사별하면 여자는 개가하지 않고 '임자'인 남편에
대한 사랑과 절개를 지켰던 것이다. 이러한 한국인의 뿌리 깊은 임
자의식은 한국 순교자들에게 있어서 생명의 창조주인 천주께 연결되
어, 천주를 '우주 만물과 생명의 임자'로 인식하고 일념으로 받들게
하였다.51) 더욱이 한국에서 많은 동정녀 순교자들이 배출된 것 역시
이 임자사상과 열녀(烈女)사상을 바탕으로 '그리스도와의 약혼'이라
는 그리스도교적 동정관이 아름다운 꽃을 피운 것이라 생각한다.

2) 한국인의 혼령관(魂靈觀)과
살신성인(殺身成仁)의 수기(修己)

한국 순교자들은 인간을 천주께로부터 창조된 피조물로서, 신적인
요소인 영혼과 물질적인 요소인 육신으로 결합된 존재로 인식하였
다. 사람의 죽음은 영혼과 육신의 갈림인데, 죽으면 육신은 썩어 없
어지나 영혼은 불사불멸한다는 것이다. 인간이 만물의 영장이 되고
존엄하고 가치 있는 존재가 되는 근거는 바로 이 영혼에 있으므로,
영혼구원은 인생의 제일 목적이었다. 육신은 영혼구원을 못 하게 방
해하는 삼구(三仇) 중 하나이므로 고신극기를 통해 이겨야 하며, 고
신극기의 완수는 죽음이기에 위주치명을 원했던 것이다.

---

50) 현석문, 『기해일기』「김루시아」.
51) 순교자들의 '임자의식'은 정약종의 『주교요지』, 현석문의 『기해일기』, 김대
건 신부의 『옥중서한, 교우들 보아라』 등에서 일관되게 강조되고 있다.

전통적으로 한국인 역시 인간 안에는 신령한 요소와 물질적인 요소가 있음을 인식하였고, 죽음을 혼(魂)과 백(魄)의 갈림으로 이해하였다. 유교의 경우, 사람이 죽으면 백(魄)을 떠난 혼(魂)이 다시 돌아오기를 간절히 기원하는 초혼(招魂)을 하며, 제사에 있어서도 혼령께서 오셔서 흠향하시기를 염원하고 정성의 제사는 반드시 혼령이 흠향하신다고 믿어 왔다.52) 민간신앙에서도 사람이 죽으면 "저승사자가 데려간다"는 말을 하며, 굿을 통해 죽은 이의 혼령을 위로한다.

그런데 유교를 철학 체계화한 성리학에서는 혼백(魂魄)의 혼(魂) 역시 음양(陰陽)의 기(氣)로 해석한다. 이기론(理氣論)에 입각해서, 인간을 인의예지(仁義禮智)의 천명지성(天命之性)과 음양이기(陰陽二氣)의 혼백(魂魄)으로 구성된 존재로 보며, 죽음은 응취된 혼백(魂魄)의 이산(離散)으로 본다. 사후 양기(陽氣)인 혼(魂)은 天으로 올라가고 음기(陰氣)인 혼(魂)은 地로 돌아가지만 응취된 상태로 천(天)과 지(地)에 머무는 것이 아니라, 결국 산화(散化)되어 일원기(一元氣)로 환원된다는 것이다. 따라서 생시와 같은 동질의 개체적 고유성은 지속될 수 없다고 본다.53)

이렇게 사후 고유한 실체의 영속은 인정치 않지만, 다른 한편 마치 나무가 죽더라도 그 생명력은 열매를 통해 지속되듯이 개체의 생명력과 얼은 유체(遺體)인 자손을 통해 영속되고 확충되어 나가며, 또한 생시에 이루어 놓은 도덕(道德)·공업(功業)·언론(言論)의 삼불후(三不朽) 역시 대아(大我)인 인간 공동체 안에 영속한다고 믿는다. 따라서 유교인들은 비록 생물적 차원의 소아적(小我的) 개체는 사후 그 실체성이 지속되지 않는다 하더라도 도덕적 생명인 삼불후(三不朽)는 영속한다고 믿기에, 소아(小我)의 영생(永生)에 관심을 두지 않고 자손과 대아(大我)를 위한 삼불후(三不朽)에 관심을 둔다.

---

52) 졸고, 「유교와 서학의 사상적 갈등과 상화적 이해에 관한 연구」 pp.258-266.
53) 상동 pp.268-269.

이것이 유교 사후관(死後觀)과 영생불사(永生不死) 사상(思想)의 한 특징인 것이다.[54]

그렇지만 유교에서도 인간이 불변적(不變的) 요소와 가변적(可變的) 요소, 본체적(本體的) 요소와 말용적(末用的) 요소로 구성된 존재로 인식해 왔다. 맹자(孟子) 이래로 인간을 대체(大體, 心)와 소체(小體, 五官)로 구성된 존재로 보았고, 성리학에서는 理[性]와 氣[情]로 이루어진 존재라고 보았다. 그런데 유교의 관심은 사후 인간 상태나 사후 세계가 아니라, 현세에서 인간다운 인간[君子, 聖人]이 되고 인간다운 사회를 건설함에 있다. 따라서 수양과 윤리에 관심과 중점을 둔다. 이상적 인간인 군자(君子), 대인(大人)이 되기 위해서는 소체(小體)인 오관지욕(五官之欲)을 절제하고 대체(大體)인 심(心)을 따라야 한다. 그러므로 유교에서는 "신체적 생명을 바쳐서라도 인(仁)을 이룬다"는 살신성인(殺身成仁), "자신을 극복하여 예(禮)로 돌아간다"는 극기복례(克己復禮), "천리(天理)를 보존하고, 인욕(人慾)을 막는다"는 존천리알인욕(存天理遏人慾)을 강조하여 왔다. 이렇게 볼 때 본체(本體, 心)와 성(性, 理)은 살려야 할 요소요, 소체(小體, 五觀之欲)와 정(情, 氣)은 절제해야 할 요소이지만, 그렇다고 소체(小體)나 정(情)을 죄악시하지는 않고, 오히려 인간의 실존적 특성으로 받아들이고 함께 애양(愛養)해야 한다고 본다.

불교에서도 인간이 심(心, 佛性)과 오온(五蘊)으로 이루어져 있으며, 오온(五蘊)에 대한 적멸무아(寂滅無我)를 통해 대지혜광명(大智慧光明)의 마음[心]을 밝혀[明心] 깨달음[成佛]에 달해야 한다는 것이다. 성불하기 전까지는 몇억 겁이라도 윤생의 바퀴를 돌게 되기에, 성불을 향한 수도(修道)에 정진하는 것이다.

또한 노장사상(老莊思想)에서는 심제(心齊)·전일(專一)·좌망(坐

---

54) 상동 p.269.

忘)의 수행법을 통해 궁극자인 도(道)에 합일(合一)하여 지인(至人), 도인(道人)이 되려고 하였으며, 민간신앙적인 도교에서는 신선(神仙)이 되면 장생불사(長生不死)한다고 믿어 왔다.

이렇게 볼 때, 한국인은 전통적으로 인간이 죽더라도 어떤 형태로든지 생(生)이 지속된다고 믿어 왔으나, 구체적으로 어떤 양태(樣態)로 존재하는지에 대해서는 애매모호하였다. 그렇지만 장생불사(長生不死)에 대한 염원, 유교적 초혼(招魂)과 제사 의례, 무속에서의 사령(死靈) 위로, 불교의 윤회사상 등은 한국 순교자들로 하여금 영혼의 존재와 불사불멸을 받아들이고 확고히 하는 데 기여했다고 본다. 정약종은 『주교요지』에서 초혼(招魂)과 장생불사에 대한 염원 등을 들어서 영혼의 존재와 불사불명을 입증하였으며,55) 정하상은 유교에서의 성(性, 天命之謂性)이 바로 영혼이라고 말하였다.56) 특별히 한국인들은 이상적 인간을 향한 수행을 중요시하였으며, 인간에게는 극복해야 할 요소와 살려야 할 요소가 있으므로 살신성인(殺身成仁), 극기복례(克己復禮)를 강조하였다. 이러한 전통 사상은 순교자들로 하여금 영혼구원을 인간의 제일 목적으로 삼고 육신에 대해 고신극기를 하는 데 기여했다고 생각한다.

3) 한국인의 내세관과 현재적 이상 세계

순교자들은 사람이 죽으면 육신은 썩지만, 불사불멸하는 영혼은 천주 앞에 가서 생애 전체에 대해 공의한 심판을 받는데 선한 이는 천당영복을, 악한 이는 지옥영벌을 받는다고 믿었다. 이 세상은 내세 천당과 지옥을 위한 시험장이요 삼구(三仇)와의 싸움터에 불과한 것이다. 그러므로 이들은 내세 천당만을 본향으로 삼고 열망하였고 현

---

55) 정약종, 『주교요지』 상편 「사람이 죽은 후에 영혼이 있어 상과 벌을 받나니라」.
56) 정하상, 『上宰相書』.

세에 대해서는 포기 내지 초탈한 삶을 살았다.

한국인은 일반적으로 사람이 죽으면 모든 것이 허무로 돌아가는 것이 아니라 어떤 형태로든지 다음 세상을 맞게 된다는 관념을 막연하나마 갖고 있었다. 이미 언급한 바와 같이 유교의 조상제사, 도가에서의 불노장생과 신선사상, 불교의 윤회사상, 민간신앙에서의 저승 관념 등에서 볼 수 있다.

또한 한국인은 전통적으로 하느님[天]이 상선벌악(賞善罰惡) 원칙에 의해 인간에게 화복과 길흉을 내린다고 믿어 왔다. 유교에서는 천인감응(天人感應) 사상에 의해서 인간이 잘못하면, 특별히 군왕이 선정(善政)을 베풀지 않고 잘못을 하면 천재지변(天災地變)의 재앙으로 경고하고 벌을 준다고 믿었다. 그러므로 가뭄이 심하게 들 때 임금은 음식을 절식하고 거친 옷을 입고서 하느님[天]께 사죄를 청하였고 죄수를 석방하는 특사를 베풀었다. 그러나 사후(死後)에 하느님[天]이 각 사람의 생애에 대한 상선벌악을 한다는 관념은 없다.

불교에서는 인과응보와 윤회사상에 의해서 더욱 철저히 상선벌악을 믿어 왔다. 사후에는 선업(善業)과 악업(惡業)에 의해서 천당과 지옥에 간다는 믿음이 있으나 이 천당이 이상향은 아니고 어디까지나 윤회의 한 과정에 불과하며, 근본적으로는 성불(成佛)을 통해 윤회의 사슬을 해탈해야 하는 것이다.

이러한 한국인의 강한 상선벌악 의식은 순교자들로 하여금 공의로운 천주의 상선벌악과, 천당·지옥의 당위성을 받아들이고 확신하는 데 터전이 되었으며, 천당을 본향으로 지향하고 천당영복을 위해 목숨까지 기꺼이 바침으로써 꽃을 피우게 되었다고 생각한다.

현세에 대한 관념에 있어서 한국인의 사유는 크게 대조적인 두 성향을 갖고 있다. 첫째는 현세를 부정적으로 보는 입장으로, 불교를 들 수 있다. 불교에서는 현세를 고통의 바다[苦海]로 칭하고, 모든 것이 무상(無常)하다고 '제행무상(諸行無常)'을 외친다. 모든 무상한 것에 대한 애착이 고통의 원인이며, 현세는 모든 집착으로부터 해탈하기 위한 수행의 도량인 것이다. 이 외에도 한국인에게는 이 세상을 뜬구름, 일장춘몽, 나그네길 등으로 보는 부세사상(浮世思想)이 있다.

둘째는 현세를 긍정적으로 보는 입장으로, 유교와 민간신앙(무속) 등을 들 수 있다. 유교에서는 이 세상의 일상생활 안에 도(道)가 있다고 보며, 성속(聖俗)을 분리하지 않고 인간의 성(誠)을 통해 속사(俗事)를 성사(聖事)로 성화시키려고 한다. 또한 민간신앙에서는 "개똥밭에 굴러도 이승이 좋다"는 말과 같이 현세와 현세적 복(福)에 관심을 집중시키고 있다.

II. 맺음말

한국 순교자 영성의 요체와 특성을 파악하기 위해서 그들이 죽음에 임해서 어떻게 진술하고 행동했는지를 중심으로 하여 네 가지 영역에서 살펴보았다.

하느님과의 관계에 있어서 순교자들은 천주께 대한 명료한 인식과 확고한 믿음을 갖고서 일편단심의 충성으로 만유 위에 받들어 섬겼다. 자아관(自我觀)에 있어서는 영육 이원적인 인간관을 갖고서 영혼구원을 인생의 제일 목적으로 삼고 육신을 원수로 여겨 고신극기에 힘썼으며, 성화의 방법으로 기도와 성사를 중요시하였다. 세계관에 있어서는 사후 천당을 인간의 최종 목표, 이상적인 本鄕으로 삼고, 현세를 천당영복과 지옥영벌이 판가름 나는 시험장, 삼구(三仇)

전쟁터로 인식하여 세속사를 초탈하였고, 오로지 천당만을 동경하면
서 애주애인과 수덕에 힘썼으며, 위주치명을 홍은(鴻恩)으로 생각했
다. 타인과의 관계에 있어서도 다른 사람을 하느님의 자녀, 동기(同
氣)로 생각하여 형제애를 실천했으며, 특히 나눔과 섬김의 교우 공
동체를 이루었는데 이는 "'사랑의 문화'에 바탕을 둔 새로운 사회의
출발점"57)이 되었다.

   이러한 한국 순교자 영성은, 성령께서 우리 민족의 심성과 사상
안에 뿌리신 '말씀의 씨앗'이 발아하여, 복음의 빛으로 성장하고 꽃
피워진 결과라고 생각한다. 순교자들의 확고한 천주 신앙과 일편단
심의 충성은 한국의 전통적인 경천(敬天)사상, 충효사상, 임자사상에
근거하고 있으며, 여성 순교자들 특히 동정 순교자들의 초인적인 절
개와 치명은 전통적인 열녀(烈女)사상에 바탕을 두나 당시 가부장제
아래서의 여성들의 비참한 상황도 작용했다고 생각한다.

   현재 우리는 선조 순교자들과는 다른 시대에 살고 있으며, 아시아
복음화라는 중대한 사명을 부여받고 있다. 그런데 우리 사회는 '죽
음의 문화'가 판을 치고 있으며, 한국교회는 외적으로는 화려하나
내적으로는 '영성의 빈곤'으로 인해 허약한 상태라는 진단을 받고
있다. 민족 구원을 위해서도, 아시아 복음화를 위해서도 한국 그리스
도교 영성의 정립과 심화는 무엇보다 중요하고 시급하다. 한국적이
고도 그리스도교적이며 현대적인 한국 그리스도교 영성을 정립하기
위해서는, 선조 순교자들이 우리 민족의 심성과 사상 안에 뿌려진
'말씀의 씨앗'을 발아시키고 당시의 시대 상황에서 복음의 빛으로
키워 '순교자 영성'으로 꽃피웠듯이, 우리도 순교자들의 신앙 유산과
전통 사상의 '말씀의 씨앗'을 현대의 시대 상황에서 복음의 빛으로
가꾸고 꽃피워 '그리스도의 향기'를 발하도록 해야 할 것이다. 앞으

---

57) 『교회의 선교사명』 제51항.

로 한국적 영성의 방향을 순교자들의 영성 유산과의 관계에서 조망해 보면, 먼저 하느님관에 있어서는 '상선벌악하시는 정의의 심판관 천주'와 '생명을 살리는 대자대비의 아빠 하느님'이 조화되고, 초월적인 하느님관과 내재적인 하느님관이 조화되고, 우주 만물(萬物)과 만사(萬事) 안에 내재하시는 하느님에 대한 현존(現存) 의식과 동행(同行) 의식을 강조함이 바람직하다. 인간관에 있어서는 순교자들의 영육 이원론적인 인간관을 한국적이고 현대적인 영육쌍전(靈肉雙全)의 인간관으로 보완하고, 수기(修己)를 통해 자신을 완성[成己]하여 성인(聖人)이 됨으로써 아버지 하느님께 영광을 드리도록 한다. 순교자들의 천당 지향의 종말론적 세계관은 '지금, 여기에' 하느님 나라가 임하게 하는 내재적, 현재적 세계관으로 보완하고, 인간의 '성(誠)'을 통해 속사(俗事)를 성사(聖事)로 성화시키는 이른바 '聖俗一如'의 자세가 요청된다. 대인관계와 공동체관에 있어서는 순교자들의 신앙적 형제애와 나눔의 교우 공동체를 본받아 현재화하고 더욱 확충함이 요청된다. 인간 생명뿐만 아니라 우주 만물의 생명이 신음하고 있는 현실에서 생명일체(生命一體) 사상을 바탕으로, 성체성사를 중심으로 하여 자신을 '생명의 밥'으로 내놓을 수 있는 신앙만이 이 시대에 맞는 순교정신이라 하겠다.

한국순교자들의 문학작품에 나타난 영성
(윤지충, 이경도, 이순이 등의 작품에 나타난 영성)

하성래

Ⅰ. 머리말

이 논문은 초기 한국 순교자들이 남긴 문학작품에 나타난 영성을 연구하는 데 그 목적이 있다. 이 명제 속에는 먼저 해결해야 할 세 가지 개념이 들어 있다. 하나는 영성이며, 하나는 순교이며, 다른 하나는 문학작품이다. 먼저 이들 개념을 간단히 정리해 두고자 한다.

영성이란 무엇인가? 영성은 예수님께서 "하늘에 계신 여러분의 아버지께서 완전하신 것같이 여러분도 완전한 사람이 되시오."(마태오, 5-48) 하고 말씀하신 데로부터 출발한다. 그러므로 우리들 크리스천의 삶의 목적은 하늘에 계신 하느님아버지와 같이 완전한 사람이 되기 위해 크리스천으로서의 덕행을 닦고, 그 덕행으로 말미암아 하느님의 신비에 참여하고, 하느님과의 일치를 이루는 데 있다. 조던 오먼(Jordan Aumann)은 "진정한 영성은 예수 그리스도를 중심으로 하고, 그분을 통하여 성삼위에 이르는 영성일 뿐이다. 그러므로 크리스천의 영성은 믿음과 사랑과 이 밖의 다른 덕행들로 말미암아 작용하는, 은총의 내적 생활을 통해서 그리스도의 신비에 참여하는 것이다."라고 하였다. 따라서 우리가 그리스도의 신비에 참여하기 위한 영성생활에는 뚜렷한 세 가지 목표가 있는데, 그것은 하나의 궁극적인 목표와 두 개의 상대적 또는 근목표(proximate goal)이다. 다시 말하면 궁극적인 목표는 모든 피조물의 목표처럼 하느님의 영광을 위한 것이며, 가까운 목표는 인간의 성화와 구원이라 하였다.[1] 그러므로 필자는 본논고에서 한국 초기 순교자들의 문학작품에 나타난 크리스천적 삶의 모든 것을 대상으로 삼아, 그들이 궁극적으로는 어떻게 덕행을 닦아 하느님께 영광을 바치고, 자신을 성화하고 구원하며 하느님과의 일치를 이루려 노력하였던가를 분석하면서, 그들이 지녔던 영성의 특성을 밝혀 보고자 한다.

다음, 순교는 크리스천이 지닌 영성 중에서도 최고의 영성이다. 박도식은 순교에 관해, "순교는 윤리도덕의 표현 특히 그중에서도 용덕(勇德)에서 발하는 행동이다. 순교는 죽음 앞에서도 진리를 지키며, 굴하지 않고 끈기와 용기로 죽는 행위이기 때문이다. 그리고 순교는 용덕의 원리가 되는 인내의 행동이다. 따라서 한마디로 말하면 순교는 절정이며, 모든 덕의 종합이며, 사람의 힘을 뛰어넘는 초자연적 행위이다. 순교는 모든 덕행 중 가장 뛰어난 덕행이다. 그러기에 아우구스티노 성인께서는 동정(童貞)의 정덕(貞德)도 순교 앞에는 그 빛을 잃는다고 하였다."[2]고 하였다. 이와 같이 순교는 모든 덕행 중 가장 뛰어난 덕행이다.

다음, 여기서 문학작품이란 순수한 문학작품만을 의미하는 것이 아니라, 넓은 의미로 그들이 남긴 모든 기록으로 정의하고자 한다. 그리고 한글 혹은 한문으로 현전하는 작품만이 아니라, 비록 원본은

---

1) Jordan Aumann, 이홍근 옮김(분도출판사, 1987) pp.18－9 p.40. 참조.
2) 박도식, 『순교자들의 신앙』(성바오로출판사, 1993) pp.149－150.

산일되었을지라도 다블뤼(Daveluy) 주교가 교회사의 자료를 수집할 때까지는 그 원본이 분명히 존재하였던 것으로, 달레(Dallet)의 『한국 천주교회사』속에 번역되어 전하는 서간문과 일기까지를 포함시키고, 병인박해 때까지를 시대적 하한점으로 삼고자 한다.

그런 의미에서 볼 때 그들이 남긴 문학작품 중 천주가사(天主歌辭) 작품으로는 1779년 주어사・천진암 강학회 때 지은 이벽(李檗) 요한 세자의 「천주공경가」, 정약전(丁若銓) 등이 지은 「십계명가」,[3] 1839년에 순교한 성・민(閔) 극가 스테파노의 「삼세대의(三世大義)」, 「천당강론」, 「지옥강론」,[4] 성・이문우(李文祐) 요한의 「옥중제성(獄中提醒)」,[5] 최양업 토마스 신부의 작품으로 전승되는 「사향가(思鄕歌)」와 「선종가(善終歌)」, 작자 미상의 「충효가(忠孝歌)」 등 수많은 천주가사(天主歌辭)가 있고, 일기로는 1791년에 순교한 윤지충(尹持忠) 바오로의 수기(手記) 이른바 「윤지충일기」[6]와 1839년에 순교한 신태보(申太甫) 베드로의 「수기(手記)」[7]가 있고, 서간문으로는 1801년에 순교한 이순이(李順伊) 누갈다와 이경도(李景陶) 가롤로와 이경언(李景彦) 바오로 3남매의 「누갈다 초남이 일긔 남민」[8]와, 1815년 을해박해 때 순교한 김종한(金宗漢) 안드레아가 그 형에게 보낸 편지 2통, 친구 이씨(李氏)와 유씨에게 보낸 편지 1통과,[9] 성・이문

---

3) 河聲來, 『天主歌辭硏究』(성황석두루가서원, 1985) pp.147-168. 참조.

4) 『기해・병오박해 순교자 목격증언록』, 회차 87.

5) 같은 곳.

6) 달레(Dallet), 安應烈・崔奭祐 역주, 『韓國天主敎會史』, (上) pp.336-352. 달레는 '윤지충 바오로의 手記'라고 하였으나, 『邪學懲義』 부록 「妖畵邪書燒火記」 「尹鉉家房突掘來妖像邪書件記」에 「죄인지충일긔」라고 기록돼 있기 때문에 「윤지충일기」로 부르고자 한다. 이하 『韓國天主敎會史』는 『敎會史』, 『邪學懲義』는 『懲義』라고만 적는다.

7) 『敎會史』, (上) pp.387-388, 426-428, (中) pp.127-139.

8) 金九鼎, 「敎會史에서 내가 發見한 珍貴한 史料」『가톨릭靑年』, 1965년 6월호 pp.11-13, 7월호 pp.18-29. 필자는 이 논문에서 한국교회사연구소에 소장된 복사본을 대본으로 삼았다.

우 요한이 그 양부모에게 보낸 편지 1통과,[10] 1839년에 순교한 이순이 누갈다의 남동생 이경언(李景彦) 바오로가 1827년 그 가족들에게 보낸 편지 3통과,[11] 성·정하상(丁夏祥) 바오로가 당시 재상 이지연(李止淵)에게 제출한 「상재상서(上宰相書)」등과, 황사영(黃嗣永) 알렉시오의 「백서(帛書)」가 있고, 성·김대건(金大建) 안드레아 신부의 『서간집』이 있다. 그 밖의 작품으로는 이벽 요한 세자의 「성교요지(聖敎要旨)」, 정약종(丁若鍾) 아우구스띠노의 『주교요지(主敎要旨)』가 있다.

이렇게 보면 꽤 많은 작품이 남아 있는 것으로 보이나, 200년의 박해사(迫害史)와 그 많은 순교자들의 수에 비하면 그들이 남긴 작품은 너무나 엉성한 편이다. 우리나라는 103위 성인을 모시고 있다. 그러나 순교하였다는 역사적 사실 외에는 그들이 남긴 작품이 거의 없기 때문에, 취조기록 혹은 제3자의 목격 증언을 통해서 매우 단편적으로나마 그들이 자신을 성화하고, 구원하며 궁극적으로 하느님께 영광을 바치는 목소리를 듣는 때이면, 우리는 한강 모래밭에서 금을 캔 것만큼 기뻐한다. 순교자가 직접 쓴 영혼의 소리를 통해서가 아니라, 취조기록이나 제3자의 증언을 통해 직·간접적으로, 그것도 단편적으로 듣기 때문에, 때로는 더 소중하고 진귀할 수도 있다. 그러나 순교자 개개인의 영성을 연구하는 데는 또 다른 애로가 있는 것도 부인할 수 없다. 왜냐하면 언어란 의식구조의 표현이다. 그러므로 그가 표현한 한 마디 언어, 특히 작품 속에 표현된 언어 속에는 그 내면의 영성이 뚜렷이 드러날 수 있기 때문이다.

이런 자료의 영성함 때문인지, 아직 우리나라에서는 순교자들에 관한 영성연구가 부진한 편이다. 몇 편의 무게 있는 논문과 대학원

---

9) 『敎會史』, (中) pp.75-81.
10) 『敎會史』, (中) pp.532-536.
11) 『敎會史』, (中) pp.144-162.

생들의 석사논문이 있을 뿐이다.[12] 이런 상황에서 이번에 한국순교
자영성연구소에서 순교자들의 영성에 관한 학술발표회를 갖게 된 것
은 매우 의의 있는 일이라 생각한다.

필자는 이 짧은 논문에서는 위에서 열거한 모든 작품을 다 논할
수 없기 때문에, 순교자들이 남긴 산문 작품 중 연대순으로 빠른 「죄
인지충일긔」와 「누갈다 초남이 일긔 남믜」를 대본으로 하여 윤지충
바오로와 이순이 누갈다와 그 오빠 이경도 가롤로의 영성을 살펴보
고자 한다.

이 논문은 작가론적 방법을 택하여 먼저 생애를 살펴보고 다음에
그들의 글에 나타난 영성을 분석해 보고자 한다. 이 세 사람 외의
다른 순교자의 작품들은 다음 기회로 미루고자 한다.

Ⅱ. 윤지충(1759∼1791) 바오로론

1. 윤지충 바오로의 생애

'우용'이라고도 불리는 윤지충 바오로는 해남 윤씨로, 다산(茶山)
정약용의 외사촌형이다. 그는 전라도 진산(珍山)에서 살았는데, 어려
서부터 총명하고 품행이 단정하여 칭송이 자자하였으며, 1783(癸卯)
년 25세의 나이로 진사시에 급제하자 더욱 유명하여졌다. 그 이듬해

---

12) 순교자의 영성에 관한 논문으로는 다음 몇 편이 있을 뿐이다.
   曺圭植, 「성 김대건의 靈性」, 『敎會史硏究』 제12집, 1997.
   朴載萬, 「한국 천주교회 殉敎 靈性의 새로운 이해와 실현 과제」, 최석우 신
   부 수품 50주년 기념 논총 『한국천주교회사의 성찰』 제2집, 2000.

1784년 겨울 서울로 올라와 김범우의 집에서 『천주실의(天主實義)』와 『칠극(七克)』을 빌려다가 필사하고 1년 동안 교리를 익히었다. 그러나 1785년 이른바 을사추조적발사건(乙巳秋曹摘發事件)이 일어나 천주교를 이단으로 배척하며 서학서의 소장을 금지하므로, 그가 가지고 있던 책들을 불태우기도 하고 물로 씻어 버리기도 하였다. 달레는, 그는 이때에도 비밀히 본분을 지키는 일을 계속하다가, 1787년 고종 사촌 정약전(丁若銓)에게서 천주교에 관한 전체적인 교리를 배우고, 비로소 열심히 신앙하기 시작하였다고 한다. 그런데 신품성사를 받지 않은 평신도가 미사성제를 봉행하는 것이 독성죄(瀆聖罪)를 범하는 것이 아니냐는 의문이 전주 류항검(柳恒儉)으로부터 제기되어, 이를 질의하기 위해 1789년 겨울 윤유일(尹有一)이 제1차로 북경엘 갔었고, 1790년 9월에는 다시 제2차로 북경엘 갔었다. 윤유일은 제2차 북경행에서 돌아올 때 북경 구베아(Gouvea) 주교로부터 조상제사금지(祖上祭祀禁止)의 사목서한을 가지고 돌아왔다. 조상제사금지의 사목서한은 조선 신자들에게 큰 충격을 주었다. 제사는 당시 조선 사람들에게 효를 행하는 가장 기본적인 행위이었다. 그런데 구베아 주교의 사목서한에서는 사당의 신주에 절하는 것, 조상에게 제사 지내는 것을 모두 금하였다. 이로 인하여 마음 약한 조선 신자들은 교회를 떠나는 사람들이 많았다. 심지어 이가환(李家煥)은 "그 가운데 신주에 절하지 않고 제사를 지내지 않는다는 한 구절이 있기 때문에 놀랍고 해괴망측하여 그곳을 칼로 도려내 버렸다."고 하였다.[13]

그러나 윤지충 바오로는 조상제사금지의 사목서한에도 불구하고 마음이 전혀 흔들리지 않았다. 그는 주교의 명령에 즉시 복종하여 사당에 모셔 놓았던 신주를 땅에 묻었다. 그런 가운데 1791년 6월 그 어머니 권씨 부인이 돌아가셨다. 유교의 전통적 상례(喪禮)에 따

---

13) 『罪人李家煥等推案』, 1801. 2. 9. 李家煥供述. "其中有小拜神主 不行祀一句節 故不勝驚駭拔刀擦去."

른다면 신주를 만들고 영위(靈位)를 모시고 제사를 지내야 한다. 그러나 윤지충과 그의 외사촌 권상연(權尙然) 야고보는 그런 일을 일절 하지 않았다. 몰려온 조문객들이 이를 보고 그를 불효막심한 놈이라고 비난하였고, 이 소문은 순식간에 공서파의 맹장 홍낙안(洪樂安)의 귀에까지 들어갔다. 이 소식을 들은 홍낙안은 9월 27일 진사 군수 신사원(申史源)에게 편지를 보내 이들을 처형하지 않는다면 우리나라의 삼강(三綱)이 무너진다 하며, 그들의 처형을 요구하고,14) 다시 9월 29일에는 좌상 채제공(蔡濟恭)에게 편지를 보내, 저 지충의 무리들이 감히 스스로 오랑캐 짐승 같은 놈들에게 붙어, 소 귀신 뱀 귀신을 빙자하여 제사를 지내지 않고, 그것도 모자라 친상을 당하여 혼백(魂帛)도 세우지 않고 어버이가 돌아가셨는데도 조문을 받지 않으니, 천지가 생긴 이래 이런 변괴가 있느냐고 하였다.15) 이리하여 좌의정 채제공은 전라 감사(監司) 정민시(鄭民始)에게 이들을 체포하여 신문하라는 비밀리에 명령을 내렸다. 이렇게 그들에게 위험이 다가오자, 한 사람은 광주16)로, 한 사람은 한수17)로 피하고 집에 없으므로 신사원은 그들 대신 그의 3촌을 볼모로 잡아 가두었다. 그들에게 체포령이 내리고 또 윤지충의 3촌이 볼모로 잡혔다는 소식을 듣고 그들은 자수하기 위해 곧 길을 떠나, 10월 26일 윤지충이 먼저 진산 관아에 도착하고, 뒤이어 권상연 야고보가 도착하였다. 그들은 진산 관아에서 1차 신문을 받은 다음 전주로 이송되어 전라 감사 정민시(鄭民始)로부터 배교를 강요당하며 신문을 받았다. 그러

---

14) 李基慶, 『闢衛編』 p.19.
15) 같은 책 p.29.
16) 여기 '광주'는 경기도 廣州로 생각된다. 廣州에는 윤지충의 고모, 곧 茶山의 어머니가 살고 있었기 때문에 윤지충이 잠시 그곳으로 피한 것으로 생각된다.
17) 여기 '한수'는 현재 충주시 寒水面으로 생각된다. 이곳 寒水에는 안동 권씨들이 세거하고 있으며, 權尙夏의 사당 寒水齋가 있기 때문에, 권상연이 이곳으로 잠시 피한 것으로 생각된다.

나 그들은 끝까지 배교를 거부하고 마침내 사형판결을 받았다. 사형
장에 도착한 뒤 관원은 최후로 "외국 종교를 버리기를 원하느냐?"고
물었다. 그러나 그들은 한결같이 이를 거부하고, 먼저 윤지충이 결안
을 읽은 뒤, 머리를 커다란 나무토막 위에 누이고 여러 번 예수 마
리아의 거룩한 이름을 부르고는 지극히 침착한 태도로 망나니에게
목을 치라는 신호를 보냈다. 권상연도 윤지충과 같이 예수 마리아의
이름을 부르고는 목이 잘려 나갔다. 1791년 11월 13일(양력 12월 8
일)이었다. 그때 윤지충 바오로는 33세, 권상연 야고보는 41세였다.

2. 「윤지충일기」에 나타난 그의 영성[18]

달레는(윤지충) '바오로의 수기'라고 하였으나, 앞에서 언급한 대
로 『사학징의』「윤현가방돌중 굴래 요상 사서 건기(尹鉉家房堗中掘
來妖像邪書件記)」에 「죄인지충일긔」가 있기 때문에, 필자는 이 수기
를 「윤지충일기」라고 부른 것이다. 이 원본은 본디 한문으로 기록된
것인데, 달레가 불어로 번역한 것을 다시 우리말로 번역한 것이다.
그러나 그 공술서(供述書) 일부가 정조실록(正祖實錄)에 전하기 때
문에, 전부는 아니어도 그 일부의 원본 복원이 가능하다. 필자는 윤
지충의 영성을 분석하는 데 있어서 한문 원문이 존재하는 부분은 한
문 원문을 사용하고 원문이 없는 부분은 달레의 번역을 사용하였다.
그러면 이제 그의 영성을 살펴보기로 한다.

---

18) 「윤지충일기」에는 함께 순교한 그의 외사촌 권상연 야고보에 관한 것도 동
시에 기록돼 있다. 그러나 본논고에서는 권상연 야고보의 영성에 관해서는
따로 논하지 않으려 한다. 윤지충과 권상연은 약간의 개인차는 있겠지만,
그 영성에 있어서 대동소이하리라고 생각되기 때문이다.

1) 천주에 대한 확고한 깨달음

윤지충의 영성 중 가장 먼저 손꼽을 만한 것은 천주에 대한 확고한 인식이다. 필자가 이를 강조하는 것은 윤지충이 순교하던 때는 우리나라에 천주교가 들어오긴 하였으나, 아직 사제가 한 분도 없던 때이다. 천주교가 종교로서 깊이 뿌리내리지 못한 때이며, 사제가 없기 때문에 미사성제도 제대로 드리지 못하던 때이다. 오직 책을 통해 교리를 조금 익히었을 뿐이다. 그런데도 윤지충은 천주님이 누구이신가를 분명히 인식하고 있었다. 인식하고 있는 데서 그친 것이 아니라, 깨달음의 경지로 나아간 것이다. 모든 종교가 다 그러하겠지만, 신앙의 대상에 대한 확고한 인식과 깨달음이 없고서는 거짓 신앙이 되고 만다. 신앙의 주체가 무엇인가를 확실하게 깨달아야만 진실한 신앙이 될 수 있다. 그러지 않고서는 조금만 바람이 불어도 흔들리기 마련이다. 그런 측면에서 볼 때 윤지충은 천주님이 누구이신가를 분명히 깨닫고 있었다. 그것은 다음 진술로 알 수 있다. 진산 군수 신사원은 윤지충과 같은 남인계통의 인물로, 그를 아끼는 마음도 있었고, 또 남인계가 이 일로 인하여 반대파들로부터 공격을 받는 것을 원치 않아, 그가 다시 유교로 돌아오도록 유도하며 신문하였다.

> "네가 이단에 빠졌다는 것이 사실이냐?"
> "저는 결코 이단에 빠지지 않았습니다. 다만 천주교를 믿는 것은 사실입니다."
> "그래, 그것이 이단이 아니란 말이냐?"
> "아닙니다. 그것은 바른 도입니다."

이 답변에서 보는 바와 같이 그는 천주교를 바른 도(正道)로 인식하고 있었고, 천주님에 대해서도 가장 높으신 아버지로 인식하고 있었다. 전주 감영으로 옮긴 뒤, 관원의 신문에 다음과 같이 답변한다.

"어찌하여 미신에 빠지는 거냐?"
"저는 결코 미신에 빠지지는 않았습니다."
"그래, 천주교라는 종교가 미신이 아니란 말이냐?"
"천주는 가장 높으신 아버지시요, 하늘과 땅과 천신(天神)과 사람과 만물의 창조주이신데, 그분을 섬기는 것을 미신이라고 할 수가 있습니까?"

이와 같이 윤지충은 천주님을 가장 높으신 아버지, 만물의 창조주로 인식하고, 나아가 깨닫고 있었다. 이러한 확고한 깨달음이 없었다면 관원의 신문 앞에서 그의 마음이 흔들렸을 것이다.
그는 또 다음과 같이 답한다.

"천주를 내 아버지로 일단 알아본 뒤에는, 그분의 명령을 따르지 않고는 견딜 수가 없었습니다."

이러한 확고한 깨달음이 있었기 때문에, 모진 형벌 앞에서도 당당할 수 있었으며, 기득권인 양반 신분까지도 포기할 수 있었을 것이다. 그는 자기 집안에 대대로 내려오는 신주를 땅에 묻고 제사를 지내지 않은 데 대해 신문을 받을 때 다음과 같이 용기 있게 진술하였다.

"천주를 대부모로 알고서도 천주의 명령을 따르지 않는 것은 결코 천주님을 흠숭하는 바른 뜻이 아닙니다. 사대부 양반 집안에서 섬기는 신주는 천주교에서 금하는 것이기 때문에 사대부에게 죄를 얻을지언정 천주님에게 죄 얻는 것은 바라지 않습니다.[以天主爲大父母 則不遵天主之命 決非欽崇之意 而士夫家木主 天主敎之所禁 故得罪於士夫 不願得罪於天主]"

'사대부 양반에게 죄를 얻을지언정 천주님께 죄 얻는 것은 바라지 않는다.'고 한 것은 실로 놀라운 답변이 아닐 수 없다. 양반에게 죄를 지으면 당시 양반 신분의 명부인 『청금록(淸襟錄)』에서 제명을 당하고, 거기서 제명이 되면 양반 신분을 박탈당하는 것이다. 사농공상(士農工商)의 계급제도 아래서 기득권의 양반 신분을 박탈당한다는 것은 목숨을 버리는 것과 마찬가지다. 그런데도 그는 양반 신분을 박탈당한다 해도 천주께 죄인이 되는 것은 원치 않는다고 하였다. 이것은 천주에 대한 확고한 깨달음이 없고서는 도저히 불가능한 일이다. 이러한 확고한 깨달음이 있었기 때문에 순교를 할 수 있었던 것으로 생각된다.

비록 양반 신분을 박탈당할지라도 천주께 죄를 짓지 않겠다는 이러한 확고한 신앙심은 윤지충 이후 하나의 전통을 이루어 초기 양반 순교자들에게서 거의 공통적으로 나타나고 있다. 성·정하상(丁夏祥) 바오로도 『상재상서』「우사(又辭)」에서

"차라리 사대부에게 죄를 얻을지언정 천주교에는 죄 얻기를 바라지 않는다.[寧得罪於士大夫 不願得罪於天主教]"

라고 하였다.19)

2) 천주교인으로서의 덕행 수양

윤지충은 천주교의 가르침에 따라 그 덕행을 수양하는 데 온 정성을 기울이었다. 그가 읽고 배운 것이라곤 겨우 『천주실의』와 『칠

---

19) 사실 성·정하상 바오로가 「又辭」에서 논한 不祭論은 윤지충이 신문에서 답한 부제론과 완전히 동일하다. 이로 볼 때, 구베아 주교의 사목서한 속에 이러한 제사부당론이 들어 있었던 것으로 보인다. 그렇지 않다면 이렇게 동일한 제사부당론이 나올 수 없다. 하지만 신유박해 이전에 「죄인지충일긔」가 신자들 사이에 읽히고, 또 윤지충과 성·정하상의 집안이 인척 관계에 있는 점으로 보면 그 어떤 영향 수수관계가 있었던 것으로 보인다.

극』정도에 지나지 않았지만, 천주교인으로서의 덕행을 닦는 데 최
선을 다하였다. 그는 구베아 주교의 사목서한을 받고 즉시 그 명령
에 순명하여 신주를 땅에 묻고, 어머니의 신주도 만들지 않고, 제사
도 지내지 않았다. 당시 완고한 유교적 관습을 깨고 주교의 명령에
순명한 이 순명정신을 훌륭한 영성으로 들 수 있다.

또 그는 신문에서 다음과 같이 답변하였다.

> "한 영혼이 육신(肉身)과 결합하는데, 그것을 결합시키는 이도 천주
> 이십니다. 임금에게 대한 충성의 근본도 천주의 명령이요, 부모께 대한
> 효도의 근본도 역시 천주의 명령입니다."

무신론적인 성리학에서 충효는 성(性)의 한 속성이다. 그런데 윤지
충은 그 충효의 성도 천주님께서 명령해 주신 것이라는 것이다. 이
것은 『중용(中庸)』의 첫 구절

> "천명지위성(天命之謂性: 하늘이 명한 것을 성이라 한다.)"

을 윤지충이 천주교 사상을 수용하여, 천(天)을 천주님으로 풀이한
것이다. 종래 성리학에서는 이 천(天)은 자연의 섭리 정도로 해석하
며 중요시하지 않았다. 오직 성(性)만을 중요시하며, 성즉리(性卽理)
라 하여, 이(理)로 파악하였다. 그런데 윤지충은 성은 이(理)가 아니
라, 천주님께서 품부해 주신 성의 한 속성이라 하였다. 다시 말하면
만물의 제1원인으로 천주님의 존재를 깨닫고 있는 것이다. 따라서 그
충효의 대상도, 그 첫째가 천주요, 그 다음이 임금과 부모인 것이다.
그러므로 그의 충효는 유교적 의미의 충효가 아니라, 우주 만물의 대
부모이신 천주께 대한 충효가 앞서야 한다는 것이다. 이런 면에서 윤
지충의 충효사상은 유교적 사상의 충효와는 본질적으로 다른 것이다.

그는 이렇게 충효의 개념에서만 성리학자들과 뜻을 달리하고 있는 것이 아니라, 천주교인으로서 닦아야 할 덕행도 잘 알고 있었다. 그는 그 실천 방법으로 십계명을 지키는 것과 칠극을 들고 있다. 그는 관장 앞에서 십계명과 칠극에 대해 자세하게 설명하였다. 그는 그것들은 천주교인으로서 닦아야 할 덕행이기도 하지만, 유교의 가르침과도 같은 점이 많다고 하였다. 그가 관장에게 설명한 칠극 부분을 보면 다음과 같다.

> "칠극은 이러합니다. 1. 교만을 이기기 위한 겸손. 2. 질투를 이기기 위한 애덕(愛德). 3. 분노를 이기기 위한 인내. 4. 인색을 이기기 위한 희사(喜捨)의 너그러움. 5. 탐식(貪食)을 이기기 위한 절식(節食). 6. 음란(淫亂)을 이기기 위한 금욕(禁慾). 7. 해태(懈怠)를 이기기 위한 근면. 이 모든 것이 덕을 닦는 데에는 명백하고 정확하고 용이하므로, 저는 그 두 책을 빌려서 소매에 넣고 시골집에 돌아와 베꼈습니다."

이 칠극의 덕행을 닦는 것은 그가 지적한 대로 유교적 윤리 도덕의 수양과 공통점이 많다. 그러나 그 주체가 천주님의 완덕에 참여하기 위한 수덕(修德)이라는 데에 차이가 있다. 유교에서 자신을 수양하는 목적은 평천하(平天下)에 있었다. 이처럼 유교에서의 수양과 천주교인으로서의 수덕은 그 목적에 있어서 차이가 있는 것이다. 그렇기 때문에 그는 "물질적 양식이 육신의 음식인 것처럼 덕행은 영혼의 음식입니다. 훌륭한 술과 맛있는 음식이 있다 하더라도 비물질적 존재가 물질적인 것으로 양육될 수 없다는 이치로 영혼을 기를 수는 없습니다."라고 말하고, 부모에게 제사를 지내지 않는 이유에 대해 돌아가신 이 앞에 드시지도 않는 음식을 차리는 것보다는

> "온 힘을 기울여 덕행을 닦는 데 전심하여 그 결과를 그분들(부모님들)에게까지 미치게 하고, 동시에 우리 영혼도 기르는 것이 참된 길이

요 바른 도리입니다."

라고 답하였다.

이와 같이 그가 십계명과 칠극을 잘 지키며 덕행을 닦는 목적은 자기 영혼을 성화하고 구원하며, 나아가 부모와 천주께 영광을 바치는 데 있었다. 이것은 결코 유교적인 덕행은 아니다. 천주교인으로서의 덕행이다. 그러므로 윤지충은 당시 유교적 풍토 속에서 그의 외사촌 권상연과 함께 서로 격려하며 용감하게 유교적 관습을 깨뜨리고 천주교인으로서의 덕행 수양에 힘쓰다가 마침내 순교까지 하였다. 이 점에 그들의 영성의 훌륭한 특성이 있다.

여기서 한 가지 밝혀 둘 것은 성·정하상 바오로가 『상재상서』, 「우사(又辭)」에서 밝힌 부제론(不祭論)은 윤지충 바오로가 신문 중에 진술한 내용과 똑같다.

Ⅲ. 이경도(李景陶: 1780~1801) 가롤로론

1. 이경도 가롤로의 생애

이경도 가롤로는 이순이(李順伊) 누갈다의 오빠로, 본관은 전주, 태조의 왕자 경녕군(敬寧君)의 후손이다. 어릴 때 이름은 오희(五喜), 서울 한림동(韓林洞)에서 태어났다. 그는 성호 이익(李瀷)의 외손자인 이윤하(李胤夏)와 권철신의 누이동생 권씨 부인 사이에서 장남으로 태어났다. 그의 집안은 현달한 것은 아니었으나, 남인계의 지도충에 있었다. 그는 어려서부터 성격이 온순하고 너그럽고 점잖아, 천박한 이야기를 잘 하지 않았다. 그의 아버지 이윤하가 권철신, 권일신의 영향을 받고 일찍이 천주교를 신앙하였으므로, 그 역시 1791년부터 신앙생활을 하기 시작하였다. 1793(癸丑)년 그의 아버지가 돌아가시자, 그는 가장으로서 상례(喪禮)를 유교식으로 행하지 않을 수 없었으나, 슬기와 결단을 써서 부당한 협력은 하지 않고 견디기에 성공하였다. 그는 17세 때 결혼을 하였다. 달레는 그가 세속을 멀리하며 자기와 같은 양반들이 친구들과 어울려 출입하기 쉬운 기생집 같은 유흥장을 출입하지 않기 위해, 일부러 꼽추행세를 하였다고 하였으나, 『사학징의』에 "저는 본디 꼽추의 병을 가지고 있었다. [矣身本抱龜背之病]"라고 한 것으로 보아, 천생적인 꼽추이었던 듯하다. 그의 누이동생 누갈다가 주문모 신부의 중매로 류중철(柳重喆) 요한과 동정부부로서 결혼을 하려 할 때 주변에서 반대와 비난이 비오듯 쏟아졌으나, 그는 그것을 인내로 참아 내었다.

1801년에 체포된 그는, 처음에는 마음이 흔들려 배교하였으나, 간절히 통회하고 나서 마음이 단단하게 굳어져 순교할 때까지 변치 않았다. 그는 형장으로 가기 전날 어머니에게 편지를 올리고, 그 이튿날인 1801년 12월 26일 참수되었는데, 그때 나이 22세였다.

2. 이경도 가롤로의 영성

이경도 가롤로는 형장으로 가기 하루 전날인 1801년 12월 25일 어머니에게 편지를 올리었다. 그 편지가 현재 「누갈다 초남이 일긔 남미」에 필사돼 전하고 또 달레의 『교회사』에도 번역돼 전한다. 필사본에는 편지 끝에 "편친 체하 재배 상서(片親體下再拜上書)"라고 기록돼 있다. 필사본과 번역본 사이에는 약간의 차이가 있다. 최석우 신부는 이에 대해 "사본의 내용 중 달레가 생략한 곳이 보이는데, 일부러 생략한 것인지, 아니면 또 다른 사본에 의한 것인지는 오늘날 또 다른 사본이 발견되지 않는 한 비교할 길이 없다."고 하였다.

여기서 잠간 필사본에 관해 설명하면, 표제에는 「누갈다 초남이 일긔 남미」라고 기록돼 있고, 맨 앞에 이경도 가롤로가 1801년 12월 25일 어머니에게 올린 편지가 필사돼 있다. 그 다음에 누갈다가 1801년 9월 27일 어머니에게 올린 편지 「편친 체하 재배 상서(片親體下再拜上書)」와 두 언니에게 보낸 편지 「양위 형주전(兩位兄主前)」이 필사돼 있다. 이 편지에는 발송일이 기록돼 있지 않다. 그리고 마지막으로 누갈다의 동생 이경언(李景彦) 바오로가 가족들에게 보낸 편지 「정해년 이바오로 일기」가 필사돼 있다. 이 편지에도 발송일이 기록돼 있지 않다.

이제 필자는 이 필사본을 주 대본으로 삼아 이경도 가롤로와 이순이 누갈다 남매의 영성을 살펴보고자 한다.[20]

1) 순교를 특은(特恩)으로 감사하였다

인간은 누구나 사는 것을 좋아하고 죽는 것을 싫어한다[好生惡死]. 그런데도 이경도 가롤로는 겸손한 마음으로 자신이 치명하게 된 것을 '특별한 은혜', '격외(格外)의 부르심', '기은(奇恩)의 총(寵)', '자비하오신 손으로 이끌으심' 등으로 표현하며, 천주님께서 죄 많은 자기에게 이런 특별한 은혜를 주신 데 대해 감사하는 마음을 가지고 있다. 겸손하기 그지없는 아름다운 영성이 아닐 수 없다.

---

20) 「누갈다 초남이 일긔 남미」에는 이경언 바오로의 편지 1편이 수록돼 있으나, 그는 1801년에 순교한 것이 아니라, 1827년에 순교하였기 때문에 다음 다른 논문으로 미루고자 한다.

죽게 된 데 대해 조금도 원망하거나 두려워하는 마음이 없다. 이것
은 신앙이 아니면 불가능한 일이다. 우선 그 편지 한 구절을 인용해
보면 다음과 같다.(원문은 순 한글로 한말의 고문체이나, 이해를 돕
기 위해 필자가 현대문으로 고치고 괄호 안에 한자를 넣었다.)

"이 극악 대죄인으로서 특별한 은혜로 격외(格外)에 부르시니, 마땅
히 상등애회(上等哀悔)[21])와 열정을 발하야 죽는 것으로나 써 갚음이
옳사오나 평생에 죄체(罪體)도 천하와 이러한 기은(奇恩)의 총(寵)을 받
잡고도 마음은 목석(木石) 같사와 감누(感淚)가 드리오지 아니하오니,
아모타 무한 인자(仁慈)를 생각하오니, 어찌 부끄럽지 아니하오며 엄벌
이 두렵지 아니하오리이꼬. 다만 생각하오면 자(子)의 죄악도 무한하오
나 인자(仁慈)도 또한 무한하오니, 자비하시오신 손으로 이끄르시면 만
번 죽은들 무삼 아까옴이 있으며 무삼 고련(苦憐)할 것이 있사오리이까
죄악이 열악(劣惡)하와 용단을 못하고 있사오나, '만일 특은으로 면치
못하게 되면 과연 다행할까보다.' 상해 그리 하옵더니, 필경에 원을 일
워주시니, 아니 기은이오 무엇이옵."

이같이 이경도 가롤로는 치명을 천주님께서 주신 특별한 은혜로
여기며 주님의 은혜에 감사하고 있다. 위 글 중 이경도 가롤로가 자
신을 '극악대죄인'이라고 표현한 것은 처음에 배교한 사실을 두고
한 말인 듯하며, '죄체(罪體)'라고 한 것은 그가 평생 꼽추인 것을
지칭한 듯하다. 이경도 가롤로가 자신을 '극악대죄인', '죄체' 등으로
표현한 것을 보면 겸손함도 아울러 지니고 있었던 것으로 보인다.
옛날에 신자들이 신부 앞에서 자기를 일컬을 때 '죄인'이라고 표현
한 것과 동일시하기 쉬우나, 그와는 다르다고 생각한다. 이것은 신부
앞이 아니라, 어머니 앞에서 한 말이므로 겸손한 마음과 효도하지

---

21) 上等哀悔는 上等痛悔를 뜻하는 듯하다. 통회에는 상등통회와 하등통회 두 가
    지가 있다. 상등통회는 내 죄로 말미암아 천주님을 욕되게 한 것을 생각하고
    아파하며 뉘우치는 것이며, 하등통회는 자기를 위하여 죄를 통회하는 것이다.

못했다는 마음이 겹쳐 표현된 것이라 할 수 있다.

2) 지극한 효성

이경도 가롤로는 어머니에 대한 효성이 지극하였다. 십계명의 제4
계명에도 효경부모(孝敬父母)하라 하였다. 그러나 이경도 가롤로의
효성은 양구(養口)도 잘하였지만, 그보다는 양지(養志)의 효성이었
다.[22] 양구보다 양지가 더 어려운 것이다. 이경도 가롤로의 효성은
유교적인 의미에서의 양지의 효가 아니라, 천주교 신앙에 의한 양지
의 효이었다. 유교에서는 자식이 보모 앞에 죽으면 그것은 불효막심
한 일이다. 그런데 이경도 가롤로는 신앙에 의해, 자신이 죽는 '이
길에 어머님 영복의 천당 문을 열고 영원한 기쁨과 즐거움의 값을
드리리라'고 하며 어머님을 위로한다. 그 편지를 보면 다음과 같다.

"다만 세상에 있사와 자식 노릇을 못 하고, 일분 순명 못 한 일이
더욱 애달프고 뉘우쳐도 미치지 못하옵니다. 내일은 길게 떠나오니 어
머님 자식 노릇을 할 날이 없삽고, 거류(去留)의 육정(肉情)이야 어찌
금하리이까마는 석화광음(石火光陰)에 얼마 오래 (있다가) 올 것 아니
오니, 자(子)의 이 길에 어머님 영복(永福)의 천문(天門)을 열고 영락
(永樂)의 값을 드리오니, 이 맛이 비록 쓰고 어렵사오나 변하야 달고
맛있는 낙(樂)이 되오니, 모르실 리 없사오나 장사자(將死者)의 일언(一
言)을 생각하면 자보(自保)하고, 실로 닦으오면 일개 영혼이요 부대전
(父大前)에 길게 뵈옵기밖은 더 하올 말씀이 없삽나이다."

이처럼 이경도 가롤로의 효성은 천주교 신앙에 의한 양지의 효이다.
배교를 한다면 아버지의 뜻을 거역하는 것으로, 양지의 효가 될 수 없다.

---

22) 養口는 좋은 음식을 마련하여 부모님을 잘 보양하는 것이며, 養志는 부모님의 뜻
을 잘 받드는 것으로, 양지의 효를 더 높이 평가한다. 『孟子』,「離婁, 上」참조.

이 밖에도 이경도 가롤로는 형제 자녀들과 종들에 대한 사랑도 지니고 있었음이 편지에 보이고 있다.

Ⅳ. 이순이(李順伊: 1782~1801) 누갈다론

1. 누갈다의 생애

한국 천주교회사상 동정 부부는 두 쌍이 있다. 하나는 누갈다 부부이며, 다른 하나는 1819년 서울에서 순교한 조숙(趙淑) 베드로와 권일신 프란치스꼬 사베리오의 딸인 권(權) 데레사 부부이다. 권 데레사의 머리채는 대바구니에 아무렇게나 넣어 1839년에 순교한 남(南履灌) 세바스티아노 집에 보관하였었는데, 그 바구니를 열면 향기가 진동하여 온 방안을 가득 채웠었다고 여러 증인들이 말하였다 한다.[23] 죽은 시체에서도 향기가 날 만큼 이들 동정 부부의 순결은 아름다운 것이었다. 특히 누갈다와 같이 자신이 겪은 위험한 고비를 솔직하게 유려한 문장 속에 담아 남긴 이는 드물 것이다.

일찍이 중국에 들어와 전교한 애유략(艾儒略: Julius Aleni: 1613년 入華~1649) 신부는

"옛날 현인들이 천당의 상을 논할 때 세 가지 등급이 있었다. 그 첫째는 치명, 둘째는 동정, 셋째는 책을 지어 천주교를 세상에 밝게 전교하는 것이다. 무릇 치명과 동정은 아무나 쉽게 얻을 수 있는 일이 아니

---

23) 달레, 『教會史』, (中) p.96.

다. 그러나 책을 지어 천주교를 세상에 밝게 전교하는 일은 누구나 마음먹고 노력만 한다면 가능한 일이다."[24]

라고 하였다. 이와 같이 순교와 동정은 아무나 얻을 수 있는 일이 아니다. 그런데 누갈다는 그 두 가지를 동시에 얻은 것이다. 그러면 그녀가 과연 어떻게 살았기에 그 두 가지를 다 얻을 수 있었던가? 그녀의 생애를 살펴보고 그 편지를 분석해 보기로 한다.

이 름	세례명	나이	관 계	판 결	비 고
류중철(重喆)	요한	23세	류항검 장남	교수형(10월 9일)	누갈다 남편
문석(文碩)	요한	18세	항검 아들	교수형(10월 9일)	
신희(申喜)			항검 아들	함경도 경원부 관비	
석(碩)		6세	항검 아들	전라도 흑산도 유배	
문(文)		3세	항검 아들	강진 신지도 유배	
섬이(暹伊)		9세	항검 딸	경상도 거제부 관비	
순이(順伊)	누갈다		항검 자부	평안도 벽동군 관비	
중성(重誠)	마테오		항검 자부	함경도 회령군 유배	流三千里
이육희(六喜)			류관검 부인	평안도 위원군 관비	

누갈다는 강직한 성격과 상냥하고 열정적인 마음과 비상한 총명을 타고났었다. 그녀는 재질을 두루 갖추고 태어난 데다, 양반가에서 가정교육을 잘 받아 그 자질이 더욱 아름답게 발휘되었다. 1793년 아버지가 돌아가신 뒤, 그녀는 신앙심이 깊은 어머니의 가르침을 받으며, 열심히 신앙생활을 하며 자기 영혼의 구원과 예수 그리스도를 사랑하는 데 온 정성을 기울이었다. 명문가에 태어나, 좋은 집안으로 시집가서 부귀와 영화를 누릴 수 있었는데도 그런 일에는 별로 관심

---

24) 艾儒略, 『口鐸日抄』, 卷8. 29張. "昔賢論天堂之賞 其異數者有三等 一致命, 一童貞, 一著書以明聖教, 夫致命, 童貞 亦吾人不易得之事, 若著書以明聖教 凡有心力者 皆可勉而能也."

이 없었다. 1795년 주문모(周文謨) 신부가 입국하자, 그녀는 나흘 동안 방안에 앉아 묵상하며 성사받을 준비를 하였다. 성체를 영한 후로는 오로지 성체의 효과를 보존하는 데 정신을 기울이었다. 그리고는 자기 영혼을 아름다운 덕행으로 가꾸기를 바라며, 자신의 순결한 동정(童貞)을 천상배필이신 천주님께 바치기로 결심하였다. 그러나 당시 명문 양반가의 딸인 그녀가 시집을 가지 않고 동정을 지킨다는 것은 어려운 일이었다. 남의 이목이 두려운 것이었다. 그러나 그녀는 주위 모든 사람의 반대와 비난에도 불구하고 그 사실을 주문모 신부에게 고백하였다. 그 후 주문모 신부는 지방 순회 때 전주에서 류항검(柳恒儉) 아우구스띠노의 장남 류중철(柳重喆) 요한이 역시 천주님께 자기를 온전히 바치기 위하여 동정을 지키고 싶어 하는 것을 알았다. 그리하여 주문모 신부는 이 두 사람을 1797년 형식적으로 혼배시켜 주었다. 그 이듬해 9월 신행 간 뒤 누갈다는 요한과 서로 의남매처럼 살기로 동정서원(童貞誓願)을 하였다. 그의 남편 류중철 요한도 성실하고 솔직한 신심과 열렬한 애덕(愛德)을 가지고 있었다. 그러나 이 젊은 두 사람은 자칫하면 동정을 깨뜨릴 살얼음 같은 위험한 고비를 몇 번씩이나 넘기며 4년을 살았다. 누갈다는 시집 온 뒤 시부모님을 잘 섬길 뿐 아니라, 형제간에도 우애가 깊고 이웃 사람들에게도 아름다운 덕성의 향기를 풍겼다. 1801년 봄에 남편 요한이 그의 아버지 류항검과 함께 먼저 체포되고, 뒤이어 9월 보름 누갈다와 남은 가족들이 모두 체포되었다. 그들이 체포된 뒤 9월 17일에는 그녀의 시아버지 류항검이 그 동생 관검(觀儉)과 함께 능지처참되고,[25] 10월 9일에는 남편 요한과 시동생 문석(文碩)이 전주옥에서 교수형을 당했다.[26] 그리고 10월 6일에는 그 가족들에 대해 다음

---

25) 『日省錄』, 純祖 辛酉 9月 24日. "義禁府啓言 大逆不道罪人恒儉 謀逆同參 罪人觀儉・持憲 等 今月 十七日 並凌遲處死矣."
26) 달레, 『敎會史』, (上) p.540.

과 같은 판결이 내렸다.27)

이상과 같은 판결이 내려졌으나, 누갈다의 권유와 제성으로 그 시어머니 신희와, 시숙모 이육희와 시사촌동생 중성이 유배를 거부하여 다시 수감되었다가, 12월 22일 사형판결을 받았다. 달레는 그들이 순교하던 때의 모습을 다음과 같이 기록하였다.

> "옥에서 형장으로 가는 동안 (柳重誠) 마테오는 매우 열렬하게 백성들에게 설교를 하였고, (李順伊) 누갈다는 누갈다대로 두 여자 동반자, 특히 세 어린 자식이 귀양 간 생각을 하고 불안과 슬픔에 잠겨 있는 시어머니를 격려하고 권고하였다. 우리의 영웅적인 동정녀(童貞女)는 시어머니에게 천주께 대한 신뢰를 다시 가지게 하고, 그의 용기를 되살려 주며, 그 마음을 이 세상의 인정에서 떼어 내어, 이제 문이 열리려고 하는 천국으로 그의 생각을 돌리게 할 줄을 알았다. 망나니가 관례대로 그들의 옷을 벗기려고 하였다. 그러나 (李順伊) 누갈다는 매우 정숙하고 품위 있는 몇 마디 말로 그를 물리치고 나서 스스로 웃옷을 벗고 손을 묶지 못하게 하고 맨 먼저 조용히 머리를 도끼 밑에 놓았다. 다른 세 사람도 참수(斬首)를 당하였다. 때는 12월 28일이었고, (李順伊) 누갈다의 나이는 그때 20세였다. (柳重誠) 마테오는 15세 내지 18세로 아마 결혼하지 않았었으며, (柳恒儉) 아우구스띠노의 아내와 그의 제수는 아마 35세 내지 40세였을 것이다."28)

2. 누갈다의 영성

현재 전하는 누갈다의 편지는 앞에서 언급한 것처럼 두 편이 전한다. 하나는 1801년 9월 27일 옥중에서 어머니에게 올린 편지로,

---

27)『懲義』p.4.
28) 달레, (상). p.555.

필사본에는 제목이 「편친 체하 재배 상서(片親體下再拜上書)」라고
돼 있다. 필사본의 서간문이 달레의 번역 서간문보다 약간 짧다. 내
용에 있어서도 약간의 차이가 있으나, 큰 줄거리에 있어서는 대동소
이하다. 다른 한 편은 두 언니에게 보낸 장편의 편지인데, 필사본에
는 제목이 「양위 형주전(兩位 兄主前)」이라고 기록돼 있다. 누갈다
의 편지는 유려한 문장 속에 아름다운 영성이 수놓여 있다. 한국 순
교자들이 남긴 글이 많지 않은 속에서 누갈다의 서한과 같은 아름다
운 서한이 남아 있다는 것은 한국 여류문학, 특히 내간문학사상(內
簡文學史上)에서 특기할 만한 일이다. 이제까지 이 작품이 국문학계
에 널리 알려지지 않아서 그렇지, 널리 알려진다면 단연 '내간문학
의 백미(白眉)'라는 평가를 받을 수 있을 것이다.

그러면 이제 그녀의 서간 속에 드러난 영성을 분석해 보기로 한다.

1) 순교는 특별한 은총의 결실

이경도 가롤로도 순교를 은총으로 인식하고 있었는데, 그의 누이
동생 누갈다 역시 순교를 특별한 은총으로 인식하고 있었다. 순교를
특별한 은총으로 인식하는 신앙심, 곧 사상은 이경도나 누갈다에게
서만 나타나는 것은 아니다. 한국 초기 순교자 모두에게 거의 공통
적으로 나타나는 신앙심이요 사상이다. 이러한 점 한 가지만 보아도
그때 주문모 신부를 비롯한 교회 지도자들이 교리 교육을 어느 정도
잘 시켰나를 알 수 있고, 초기 교회 신자들이 그들의 신앙생활을 얼
마나 철저히 하였나를 짐작할 수 있다.

누갈다는 그 생애에서 살펴본 바와 같이 동정의 원의도 남다르게
지니고 있었지만 순교의 원의도 아울러 지니고 있었다.

"금년을 당하여 간장을 녹이다가 사세 할일 없이 기울어져 엄구(嚴

舅)를 여의게 되오니, 살고 싶은 염(念)이 없어, 기회가 좋은 때에 위주
치명(爲主致命)하리라 정지(定志)하고, 대사(大事)를 경영하여 판비(辦
備)함을 힘쓰더니, 부지불각(不知不覺)이라 허다 장차(將差)가 이르러서
아신(我身)이 잡히오니, 기회 없어 염려(念慮)할 차 뜻과 같이 되온지라
감사 주은(主恩)이요, 일념이 흔희(欣喜)하오나 실 심중에 황망하고 장
차(將差)는 재촉하니 애애(哀哀)한 곡성이 천지에 진동하고……"

-〈양위 형주전〉-

 1801년 신유박해가 일어나 그 시아버지가 잡혀갈 때부터 누갈다
는 이미 치명하기로 뜻을 정하고 그에 대한 만반의 준비를 하고 있
었다. 그러나 갑자기 장차가 달려들어 가족들을 모두 체포하고, 누갈
다 자신도 체포되자 그녀는 신앙적인 마음으로는 오히려 '감사 주
은'하며 '흔희'하나, 인간적인 마음으로는 슬픈 울음이 터져 나오지
않을 수 없었다. '애애한 곡성이 천지에 진동하고'라는 표현 속에서
우리는 많은 연민과 함께 그녀가 신앙에만 매달린 인간이 아니라 가
장 보편적 감정을 소유한 인간이었음도 아울러 이해할 수 있다.

 또 한 가지, 누갈다가 체포된 것은 9월 15일이고, 그 시아버지가
치명한 것은 9월 17일인데, 위에 인용한 구절로만 보면 누갈다는 그
시아버지가 순교한 뒤에 자신도 순교할 뜻을 굳힌 것으로 보이나,
그 이전에 이미 순교의 원의를 지니고 있었다. 그것은 다음 편지로
알 수 있다. 누갈다는 두 언니에게 보낸 편지에서 그녀가 처음 잡혀
갔을 때의 심경을 다음과 같이 토로하고 있다.

 "처음에 잡아다가 수급청(受給廳)에 가두었다가 반향(半晌: 반나절)
이 지난 후에 장관청(長官廳)이란 데 옮기오니 고당(姑堂) 형제분과 숙
숙(叔叔) 형제 계신지라. 피차에 바라보고 말없이 누수(淚垂)터니, 그러
구러 밤이 되어 구월 망간(望間)이라 추천(秋天)이 요약(耀躍)하고 창전
(窓前)에 명월(明月)이 교교(皎皎)하야 월광(月光)이 조요(照耀)하니, 수

인(囚人)의 회포를 가히 알레라. 누으며 앉으며 구하고 원하는 바가 치
명지은(致命之恩)이라. 이 원이 가득하여 각각 말을 하되 일출여구(一
出如口)하여 고당 양위와 숙숙 형제로 더불어 5인이 상약(相約)하기를
위주치사(爲主致死)하자 하여 각각 정지(定志)함이 견여금석(堅如金石)
이라. 마음이 동하고 뜻이 같으니, 가득한 신애(信愛)가 피차에 틈이 없
어 봉중(奉中)한 설움이 자연 잊히고 갈수록 총은(寵恩)이라. 신락(神
樂)이 도도하니, 만사무심하고 거리낀 염(念)이 없사오되, 오히려 권권
(拳拳)한 바는 옥중에 일인이라. 못 잊자옴은 다름이 아니라 집에 있을
때 소회(所懷)를 비치여 서정(書傳) 일편(一片)을 이뤄 동일동사(同日同
死)하자 하였더니, 인편(人便)이 마땅찮고 오히려 자저(自躇)하여 미쳐
전치 못하였더니, 자취를 절금(絶禁)하니 통할 길이 없어 잠잠히 구하
고 원하고 바라는 바가 위주치명(爲主致命)하여 동일 동사하잤더니, 상
주(上主)의 총은이 저러실 줄 알았으랴."

-<양위 형주전>-

이 편지에서 보는 바와 같이, 그녀가 잡혀 옥에 갇힌 것은 9월 보
름, 마침 보름달은 창밖에 밝게 비치고 밤은 깊어 고요한데, 홀로 잠
을 이루지 못하고 누우며 앉으며 구하고 바라는 것이 오직 치명의
은혜였다. 이때는 아직 그 시아버지가 처형되기 이전이다. 그런데 누
갈다는 이때 이미 치명의 원의를 가지고 있었다. 그리고 이러한 치명
의 원의는 비단 누갈다에게만 있었던 것은 아니다. 그 가족 5명이
모두 한결같았다. 이렇게 치명하기로 뜻을 정하니 가족 간에 믿음과
사랑이 넘치고 설움도 가시었다. 오히려 하늘나라의 즐거움이 도도하
게 그녀의 마음속에 흐르고 있었다. 그러나 마음속에 잊혀지지 않는
한 사람이 있었다. 그것은 그녀의 남편 요한이다. 그들은 집에 있을
때 늘 '같은 날 같이 죽자'고 하였었다. 그런데 지금은 그 뜻을 전할
편지 한 장 보낼 길이 없다. 하지만, 이제 두 사람 다 체포되어 같은
날 같이 죽게 되었으니, 천주님의 은총이 어찌 저러하실까 하고 감탄
하고 있다. 이 구절은 누갈다의 서한문 중에서도 가장 아름답고 시적

이며 심리적 묘사가 서정적으로 표현돼 있는 곳이기도 하다.

이러한 치명의 원의를 가지고 있던 누갈다는 순교를 하느님의 특별한 은총으로 인식하고, 그 어머니에게 올린 편지에서

> "쓸데없는 자식이나 특총(特寵)으로 결실하는 날이면 어머님도 가히 자식을 두었다 할 것이요, (저도) 떳떳한 자식이 될 것이니, 작고 쓸데없는 자식을 진실되고 보배의 자식을 만드심이니, 천만 번 바라나니, 과히 상훼(傷毀)치 마옵시고 관(寬)히 억제하옵소서."

하고, 또 그 어머니에게도 치명할 기회가 오면 "특특한 은명(恩命)을 배반치 마옵시고 안심 순명하옵소서. 요행 바라지 아니시는 은혜를 받잡거든 감사 주은(主恩)하옵소서." 하고 권유하였다. 그리고 그 오빠 이경도 가롤로가 처음에 배교하였다가 다시 재심하게 되었다는 소식을 듣고 그 어머니에 올린 편지에서 다음과 같이 말하였다.

> "듣자오니, 오라버니가 고복(考覆)을 하였다 하오니, 이 진실로 어떠하신 총우(寵佑)이신고. 우러러 감사함이 겨를 없고, 어머님 복을 찬송하나이다."

보통 사람 같으면 살아나 온 것을 하늘이 도우신 것으로 생각할 것이다. 그런데도 누갈다는 그 오빠가 배교를 취소하고 재심을 받게 되었다는 소식을 듣고 오히려 이것을 하느님의 은총과 도우심이라고 생각하며, 천주님께 우러러 감사드리며, 어머님의 복을 찬송한다고 하였다. 유교적인 입장에서 본다면 남매간에 비정하기도 하고 불효 막심한 일이지만, 이것은 그녀의 깊은 신앙심에서 우러나온 영성이 아닐 수 없다. 신앙심이 아니라면 어떻게 오빠의 죽음을 감사하며 어머니의 복이라고 말할 수 있겠는가. 초자연적인 신앙의 힘이 아닐 수 없다.

이 외에도 누갈다는 두 언니에게 보낸 편지에서 '감사 주은', '치명지은', '주우(主佑)', '특별하신 총은', '다시 더할 것이 없는 총은', '만일 치명의 은혜를 입으면 설워들 마시고 경하하시압.' 등의 말로 자신이 치명하게 된 것을 천주님의 특별한 은총이라 생각하며 슬퍼하지 말고 경하하라 하였다.

2) 동정의 원의와 그 실천

현재도 성직자와 수도자들이 모두 동정을 지키며 자신들의 순결을 하느님께 바치고 있다. 이러한 거룩한 삶이야말로 신앙심이 아니면 실천하기 어려운 일이다. 그리고 우리나라에서는 전통적으로 청상과부가 수절하고 사는 것도 '열녀'라 하여 칭송해 마지않는다. 하물며 자기 스스로의 서원에 의해 동정을 지킨다는 것은 고귀한 일이 아닐 수 없다. 그것도 부부로서 한방에 거처하면서 동정을 지킨다는 것은 초인간적인 극기와 인내가 아니라면 거의 불가능한 일일 것이다. 그런데 이 누갈다와 류중철 요한과 조숙 베드로와 권 데레사 동정 부부는 그것을 실천해 냈다. 이것은 앞에서도 언급한 바 있지만 세계 교회사상 그 유례를 찾아보기 힘든 일일 것이다. 그리고 그 위험한 고비를 넘긴 사실을 누갈다처럼 아름다운 문장으로 고백해 놓은 사람은 필자가 과문한 탓인지는 모르지만 아마 없을 것이다.

누갈다는 류중철 요한과 혼배하고 서로 동정을 서원한 뒤 4년을 한방에 거처하면서 동정을 지키었다. 자칫 잘못하면 동정을 깨뜨릴 수 있는 위험한 고비가 10여 차나 닥쳐왔다. 그것을 신앙심으로 이겨내었는데, 그때의 심경을 어머니에게 올린 편지에서 다음과 같이 진솔하게 고백하고 있다.

"식(息)이 이리 온 후 평일에 근심하던 일을 얻어 9월과 10월에 양인이 발원 맹세(盟誓)하여 4년을 지내다가 사실 의남매(義男妹) 같더니, 중간에 유감을 입어 근 10여차를 입어 거의 거의 할 일 없더니, 성혈 공로(聖血功勞)를 일컬어 능히 유감을 면하였삽.”

누갈다와 류요한이 겉으로는 결혼한 부부처럼 한방에 거처하면서 도 안으로는 동정을 지키고 있었다. 그 어려움이 이 짧은 글 속에 잘 표현돼 있다. 특히 ‘유감을 입어’와 ‘거의거의’라는 단어의 반복 적 사용이 그 상황의 위급함을 잘 표현해 주고 있다. 이렇게 위급한 상황을 넘기며 의남매처럼 4년을 지내는데, 순교하기 1년 전 12월에 는 정말 위험한 고비가 닥쳐왔다. 그때의 일을 누갈다는 두 언니 에게 보낸 편지에서 다음과 같이 말하고 있다.

“작년 납월 유감이 자심하여 마음에 두려움이 여리박빙(如履薄氷)이 요, 여림심연(如臨深淵)이라, 우러러 이길 바를 간구 간구하옵더니, 주 의 총우(寵佑)로 겨우 면하여 아해를 보전하여 피차에 유신(有信)함이 견여금석(堅如金石)이며 신애지정(信愛之情)이 중여태양(重如太陽)이라, 형매(兄妹)로 언약하고 4년을 지내더니……”

그 표현 그대로 살얼음판을 걷는 거와 같고 깊은 못물에 빠질 것 같은 위험한 지경이었다. 그때에 ‘간구 간구’하여 겨우 아해를 보전 하였다. ‘간구 간구’라는 단어의 반복적 사용과 ‘겨우’라는 단어의 사용으로 보아 그 상황의 위급함을 실감할 수 있다. 이렇게 위급한 고비를 넘긴 뒤 그들은 서로 간에 믿음이 단단하기가 금석과 같았 고, 믿고 사랑하는 마음이 태양보다도 더하였다. 이들의 사랑은 에로 스(eros)적인 사랑이 아니라, 아가페(agafe)적인 사랑이었다. 소설 속 에서나 있을 수 있는 아가페적인 사랑이 실제 현실 속에서 일어난 가장 아름다운 표본이라 할 수 있다. 신앙의 아름다운 승화요 영혼 의 승리라 할 수 있을 것이다.

누갈다는 남편 류중철 요한을 '의남매', 혹은 '충우(忠友)'라고 부르고 있지만, 그들의 사랑은 참으로 지고지순하였다. 류중철 요한이 순교한 뒤 그 시체를 내어다가 옷을 뒤져 보니, 옷 속에서 누갈다를 권면하는 편지 쪽지가 발견되었다. 죽음 앞에서도 서로를 격려하고 염려하는 마음이 우리의 심금을 울리고도 남는다.

> "집에서 기별한데 신체를 내여다가 입었던 옷을 보니, 그 매(妹: 누갈다)에게 부쳤으되 권면하고 위로하여 '천국에 가 다시 보자.' 하고 정지(定志)한 사연이라. 염려를 부렸사오며 저의 평생 행위를 살필진대 구태여 애련(哀憐)할 일이 없고, 속태(俗態)에서 벗어나 족히 노성타 할 만하고, 흔근(欣勤), 열애(熱愛), 성실(誠實)함은 항복(恒福)함이 되는지라. 적년(積年) 원하던 바가 뜻과 같이 이뤄졌으니, 심곡(心曲)을 말하온즉 저도 또한 아시(兒時)로 원한 바이라. 우리의 모임은 양인의 소원을 천주께서 윤허(允許)하사 특별하신 총은(寵恩)이라. 피차에 감사함이 죽기로써 보은이라."

누갈다 자신이 말한 것처럼 "두 사람의 모임은 천주께서 윤허하신 특별하신 총은"이다. 누갈다는 또 두 언니에게 말하고 있다.

> "요한을 남은 남편이라고 하나 나는 충우(忠友)라 하나니, 만일 득승천국(得昇天國)하였으면 나를 잊지 않으리라 하노라. 세상에서 나를 위한 마음이 지극하였나니, 만복(萬福) 곳에 거(居)하였을진대 그런 중에 고로이 부치여 암암(暗暗)히 부르는 소리 귀에 떠나지 아니리니, 평일 언약을 저버리지 아니하면 이번은 끈치 않으리. 하 언제나 그 옥을 벗어나 대군대부(大君大父)와 천상(天上) 모황(母皇)29)과 사랑하던 존구(尊舅)와 내의 동생과 충우(忠友)의 요한을 만나 즐길고."
> —<양위 형주전>—

---

29) 성모 마리아를 말한다. 이 말로 보아 누갈다에게는 성모 신심도 깊었던 것으로 보인다.

누갈다는 이 잠세(暫世)의 세상을 떠나 천국에서의 영원한 사랑을 바라며 기다리고 있다. 신앙의 아름다움 속에 사랑의 아름다움이 아로새겨져 있다.

3) 지극한 효성

한국인의 전통적인 윤리 덕성의 하나가 효이다. 효는 백행지원(百行之源)이라 하여 모든 행동의 근원으로 여기었다. 효가 발전하면 충이 되고 형제간의 우애(友愛)가 된다. 누갈다의 오빠 이경도 가롤로도 어머니에 대한 효성이 지극하였지만, 누갈다도 그 편지 곳곳에 어머니에 대한 효성과 형제간의 사랑이 아롱져 있다.

> "제(弟)는 생아(生我) 20년에 병 없는 날이 없고 사사(事事)에 불효만 끼치다가 종내 자식 된 보람이 없이 돌아가니, 형님네는 제 몫까지 대신하여 착실히 효양(孝養)들 하시옵. 육신을 효양함도 좋으나, 마음을 효양함이 더욱 좋사오니, 증자(曾子)의 효가 증원(曾元)의 효보다 낫다 하였으니, 제도 구고(舅姑)를 뫼셔 살아보니 어른은 뜻받는 것을 으뜸으로 좋아하시나니, 형세 빈핍(貧乏)하여 뜻대로 봉양치 못하나 마음을 잘 받들고 위로(慰勞)·보호하면 혼모(昏暮)한 정신을 잘 깨우치며 혹 노혼(老昏)하여 그르치는 일이라도 의리(義理)로 말하지 말고 화(和)한 얼굴로 간절히 간하면, 아무리 설워하실지라도 어머님을 보아 비색(悲色)을 감추고 혹 어린양도 하고 혹 강잉(强仍)하여 우서운 말도 하여 어머님을 잘 보호하고, 어린 동생들이 오라버님 없는 후는 형님께 의탁이 되오니, 오라버님 소임을 형님께서 노릇을 하여 어질이 권장하여 아무쪼록 성취하여 문호(門戶)를 보존하고 열심명백한 단사(端士)가 되게 하시압. 어머님과 두날 동생은 형님밖엔 부탁할 사람이 없삽.
> 오라버님이 치명을 하였으면 제도 요행 주은(主恩)으로 선종하오면 만날까 하옵. 어머님을 어질이 도와 여년(餘年)을 잘 마치고 선종지은(善終之恩)을 얻어 모자, 형제 즐거이 만나게 하옵.

부모 있는 사람은 서럽다고 너무 과히 서러운 대로 하지 못하오니, 그를 생각하시옵. 내 형님은 범연히 생각하고 하는 것이 아니라, 형님이 하 서러우신 사람이기로 이리 하옵."

-<양위 형주전>-

이경도 가롤로의 효를 언급할 때 잠시 언급하였지만, 누갈다의 효는 양구(養口)의 효가 아니라, 양지(養志)의 효이다. 증자의 효가 증원의 효보다 낫다고 한 것은 『맹자(孟子)』를 인용하여 양지의 효를 말한 것이다. 『맹자』, 「이루(離婁), 상(上)」에 다음과 같은 말이 있다.

"증자가 그 아버지 증석(曾晳)을 봉양할 때에는 반드시 밥상에 술과 고기를 차려 올렸는데, 상을 내갈 때엔 남은 음식을 누구(손자)에게 주고 싶은지 여쭈어 보았다. 그리고 음식이 더 있느냐고 물으시면 '예' 하고 대답하였다. 증석이 죽고 증자의 아들 증원(曾元)이 증자를 봉양할 때에도 반드시 밥상에 술과 고기를 차려 올렸는데, 상을 내가면서 남은 음식을 누구에게 주고 싶은지 물어보지 않았으며, 남은 음식이 더 있느냐고 물으면 '없습니다' 하고 대답하였다. 남은 음식을 다음번 밥상에 올리기 위해서였다. 이것은 이른바 양구체(養口體)하는 사람이다. 만약 증자와 같이 한다면 비로소 양지(養志)하였다고 말할 수 있을 것이다. 부모를 섬기는 일은 증자와 같이 하는 것이 옳은 것이다."[30]

증석이 그 남은 음식을 손자들에게 먹이고 싶어 하는 마음을 증자가 알고 있었기 때문에 누구에게 주고 싶은가 하고 여쭈어 본 것이다. 이와 같이 부모님의 마음을 헤아려 받드는 것이 양지의 효이다. 그런데 누갈다는 그 양지의 효를 알고 있었다. 편지에 보면 자신이 시부모님을 모시던 때의 일을 들어 양지의 효를 여러 가지로

---

30) 『孟子』, 「離婁, 上」. "曾子養曾晳必有酒肉 將徹必請所與, 問有餘 必曰有. 曾晳死 曾元養曾子 必有酒肉 將徹不請所餘 問有餘曰亡矣. 將以復進也. 此所謂養口體者也. 若曾子則可謂養志也. 事親若曾子者可也."

설명하고 있는데, 이것은 누갈다 자신의 심성을 그대로 표현한 것이라고 할 수 있다.

그리고 편지 중에 '어질이'라는 단어가 두 번 나온다. 이 말은 언니에게 부탁하는 말이지만, 누갈다가 평소 품고 있던 어진 마음이 표현되어 나온 것이라 할 수 있다. 어질고 효성스러운 누갈다의 심성을 읽을 수 있다.

4) 신망애(信望愛) 삼덕(三德)과 성모 신심(聖母信心)

믿음[信德]·바램[望德]·사랑[愛德]은 대신덕(對神德)으로 향주삼덕(向主三德)이라고 말한다. 누갈다는 이 대신덕을 모든 덕의 으뜸으로 생각하였다. 두 언니에게 보낸 편지에서

"다른 덕도 구함이 좋으되, 신망애(信望愛) 삼덕이 아주 주인이라. 신망애 진실하면 다른 덕은 자연히 따라옵니다."

라고 하였다. 누갈다는 이처럼 신망애 삼덕을 '모든 덕의 주인'으로 생각하였다. 이러한 대신덕은 유교의 윤리덕과는 다른 바가 있다. 누갈다는 자신의 치명에 관해 '얻고자 하여도 어려운 일'이라 하며 그 언니에게 다음과 같이 말하고 있는데, 이것은 유교의 윤리덕과는 판이하게 다른 것으로 대신덕에서 우러나온 것이라 할 수 있다.

"얻고자 하여도 어려운 일이라. 자식과 동생이 임금의 총(寵)만 입어도 경하할 일이온데, 천지대군(天地大君)의 총애하시는 자식을 두면 이 얼마나 경하할 일이옵. 임금께 총 바침은 다투어 구하나니, 구하지 아니한 총은을 입으면 뜻밖의 은혜 아니옵.

(제는) 천상지하(天上之下)의 지극한 죄인이라. 몸이 세상에서는 벽

동(碧潼) 죄인 관비로 종신토록 이름을 벗을 길이 없고, 천주께는 배주배은(背主背恩)한 죄인이 되었다가[31] 만일 이처럼 끝을 마쳐 치명을 하게 되면 일시에 죄명을 다 벗고 만복으로 가리니 어찌 설워할 일이옵. 관비의 형이라 함과 치명자의 형이란 말이 피차에 어떠하옵. 어머님도 치명자의 모친이라 하오면 이 이름이 어떨까 싶으옵.

내 감히 치명을 하면 그 기이함은 어느 치명에 비하겠삽. 다른 성인들은 응당 할 일이어니와 감히 우러러 볼 일을 이 잔생(殘生)에게도 허락하시면 그런 황송한 일이 없삽. 나를 죽은 것을 산 이로 알으시고, 산 것을 죽은 줄로 알으시며, 나 잃음을 설워 말으시고 왕일(往日)에 주 잃음을 설워하시며, 다시 잃을까 염려하시고, 백만 설움을 도리켜 왕일(往日)을 울며 힘써 이왕(已往)을 보속(補贖)하고 성모(聖母)를 의탁하고 심중을 화평(和平)케 하여 천주의 의자(義子)가 되기를 힘쓰고 사사(事事)에 안심순명(安心順命)들 하시면 이 설움을 주어 단련코자 하시던 본의에 합당하여 상주(上主)께서 반드시 사랑하시며 안위(安慰)하시리니, 주총(主寵)을 얻고 공 세울 기회에 무익(無益)히 상심하여 득죄어주(得罪於主)를 하면 저런 일이 있삽. 상심 상심하여 매사에 순명 순명하고 안심지본(安心之本)하여 보속전비(補贖全備)하고 행선입공(行善立功)하시어 비록 작은 허물이라도 큰 허물처럼 살펴 대죄(大罪)처럼 통회하고 행선할 기회어든 작은 선이라도 버리지 말고 전뢰주우(全賴主佑)하며 구사선종(求死善終)하시며, 항상 힘써 열애(熱愛)를 발하며 간절히 구하면 주시리니, 일시라도 방심하였거든 놀라고 깨우쳐 열심히 천주께 드리면 점점 천주께 가까워지오니 소원을 윤허하시어 천주를 뵈오며 형제, 모녀, 이러구러 쉬이 만나면 아니 좋겠삽.
남을 용서하며 자기를 성찰하고 화목을 힘써 어머님은 주의(主意)에 합하는 늙은이 되시고, 형님네는 사랑하는 딸이 되시면 아니 좋겠삽."
　　　　　　　　　　　　　　　　　　　－<양위 형주전> －

---

31) 이 구절만 보면 누갈다가 배교한 것처럼 오해할 여지가 없지 않다. 그러나 이 구절은 그런 의미가 아니다. '만약 자기가 배교를 하고 살아서 벽동군 관비가 되어 간다면'의 의미로 해석되어야 할 것이다.

누갈다는 자신의 죽음을 '경하할 일'이라 하였다. 이것은 유교의 윤리덕과는 다른 것이다. 믿음에서 나온 것으로, 덕성으로 말한다면 대신덕(對神德)이다. 그리고 누갈다는 자신을 하늘 아래 가장 지극한 죄인이라고 하였는데, 이 구절은 단순히 그녀의 겸손함에서 나온 말이라고 볼 수도 있지만 다른 면에서는 사실일 가능성도 전혀 배제할 수는 없다. 누갈다는 앞에서 본 바와 같이 1801년 10월 6일 평안도 벽동군 관비로 유배하라는 판결을 받았었다. 신유박해 때 판례(判例)를 보면 '끝까지 배교하지 않는다.'고 하면 사형판결을 내리고, 조금이라도 '배교한다.'는 뜻을 비치면 그것을 배교로 간주하여 유배를 보냈다. 이러한 판례로 볼 때 누갈다를 평안도 벽동군 관비로 유배하라는 판결이 내린 것은 신문 과정에서 마음이 흔들렸지 않았나 하는 의문이 생긴다. 그러나 그처럼 굳은 신앙심을 가진 누갈다가 마음이 흔들렸다고는 생각되지 않는다. 그렇다면 '세상에서는 벽동 죄인 관비로 종신토록 이름을 벗을 길이 없고, 천주께는 배주배은한 죄인이 되었다가 만일 이처럼 끝을 맺어 치명을 하게 되면'의 구절은 어떻게 해석되어야 하는가? 필자는 이 구절을 잠정적으로 만약 배교를 하고 살아서 평안도 벽동군 관비로 가게 된다면 '배주배은한 죄인이 되는 것인데,' 뜻으로 해석해 두고자 한다.

누갈다는 이 편지에서 자신의 죽음을 '경하할 일', '뜻밖의 은혜'라고 하며, 자신 같은 '천상지하의 지극한 죄인', '배주배은한 죄인'이 치명을 하게 되면 '만복으로 가리니 어찌 설워할 일이옵', '그런 황송한 일이 없삽'이라고 표현하고 있다. 그 언니에게도 '이왕을 보속하고 성모께 의탁하며', '천주의 의자 되기를 힘쓰고', '안심순명하고', '보속전비하고', '행선입공하며', '전뢰주우하며', '열애를 발하여 간절히 구하면 주시리니', '점점 천주께 가까워지리라.'고 하였다. 이것은 유교의 윤리덕과는 판이하게 다르다. 이것은 누갈다가 평소 지니고 있던 대신덕의 실천 수행 방법을 구체적으로 표현한 것이라 할 수 있다.

누갈다는 이러한 대신덕만이 아니라, 성모 신심도 남달랐던 것 같다. 두 언니에게 보낸 편지에 보면, '성모를 의탁하고', '우리 자모(慈母)와 이왕 성인들로 표를 받아', '천상 모황(母皇)'과 등의 표현이 눈에 띈다. 이러한 표현들을 보면 누갈다는 성모 신심도 지니고 있었던 것으로 짐작된다.

5) 시재빈인(施財貧人)

누갈다와 류중철 요한은 가난한 사람들에게 재물을 나누어 주는 이웃 사랑의 정신, 시재빈인의 정신을 가지고 있었다.

> "양인이 언약하기를 가산(家産)과 소업(所業)을 전하시는 날이어든 삼사 분으로 분파(分派)하여 시재빈인(施財貧人)하고 계씨(季氏)에게 후히 주어 양친을 의탁하고 세상이 펴이거든 각각 떠나 살자 하고 피차 상약(相約)을 저버리지 마자 하였더니……"

이와 같이 부모님으로부터 유산을 물려받는 날이 오면 그 재산을 서너 사람 몫으로 나누어 자기들 몫은 가난한 사람들에게 나누어 주고, 동생에게 재산을 많이 주어 부모님을 모시게 하고, 천주교를 자유롭게 신앙할 수 있는 좋은 세상이 오면, 자기들은 각각 떠나 살자고 언약하였었다. 이로 보면 그들 동정부부는 노년에 대한 계획도 미리 세워 놓고 있었음을 알 수 있다.

6) 하느님과의 일치, 성스러운 잔치[聖宴]에 참여함

천주교를 신앙하는 사람들의 궁극적인 목표는 완덕을 닦아, 하늘 나라에 올라가 하느님의 신비에 참여하고 일치를 이루는 데 있다고

하겠다. 따라서 이제까지 필자가 살펴본 누갈다의 영성도 결국은 하
느님과의 일치를 위한 도정에 불과하다 할 것이다. 그러면 누갈다는
과연 하느님과의 일치를 어떻게 생각하고 있었을까?

성・보나벤뚜라는 하느님께로 나아가는 완덕(完德)의 길을 정화
(淨化), 조명(照明), 일치(一致)의 3단계로 나누어 설명하였다. 정화
란 예수님께서 "나를 따르려는 사람은 누구든지 자기 자신을 버리고
매일 자기 십자가를 지고 따라와야 한다."(루가, 9:23)고 가르치신 바
와 같이, '자기 자신을 버리는' 길이다. 죄를 범하도록 유혹하는 모
든 욕심, 물욕을 버리고 자기 영혼을 맑고 깨끗하게 씻어 내는 길이
다. 천주님을 사랑하는 간절한 사랑(愛德)을 지니고 천주님의 은총을
잃지 않도록 노력하는 것이다. 제2단계의 조명은 이미 정화된 마음
위에 다시 천주님의 빛을 향해 걸어가는 것이다. 순수한 빛 속의 삶
이다. 천주님의 빛 속에서 사는 것이다. 제3단계의 일치는 하느님과
의 일치를 바라는 믿음과 사랑과 소망 이외에는 아무 것도 없는 것
이다. 죄라고 이름 붙일 아무런 더러움도 흠도 없는 순수 영혼의 세
계다. 바오로 종도가 "나의 희망은 이 세상을 떠나서 그리스도와 함
께 사는 것입니다."(필립비서, 1:24)라고 말한 바와 같이 하늘나라에
올라가 천주님과 함께 사는 것이다. 누갈다의 표현대로라면 '성연에
참예하여' '신락(神樂)'을 즐기는 것이다.

누갈다는 두 언니에게 보낸 편지에서 자신의 편지를 '임종유언(臨
終遺言)'이라고 말한 뒤 다음과 같이 말하고 있다.

> "제의 임종 유언을 저버리지 마옵. 나 죽었다 소문 들으시고 천만
> 번 바라나니, 과도히들 애상(哀傷)치 마옵소서. 비천(卑賤)한 자식이요,
> 용열(庸劣)한 동생으로 감히 주의 의자(義子)가 되고 의인(義人)에 참예
> 하며 천상제성(天上諸聖)의 벗이 되어 미복(美服)을 갖추고 성연(聖宴)
> 에 참예하면 이 어떤 광영이옵."

누갈다는 자신이 치명을 한다면 주님의 의로운 자식이 되어 의인으로서 하늘나라의 모든 성인들과 벗이 되어 아름다운 옷을 입고 주님의 잔치에 참예하리라는 것이다. 이것은 하느님과의 일치를 의미한다. 하느님의 신비에 참여하는 것이다. 십자가의 성 요한과 대 데레사가 말한 '동반현상'이며,[32] 바오로 종도가 "이제는 내가 사는 것이 아니라, 그리스도가 내 안에서 사시는 것이다."(갈라디아, 2:20)라고 말한 대로, 누갈다 자신이 그리스도 안에 살고, 그리스도께서 누갈다 안에 살고 계심을 선험적으로 표현한 것이라 할 수 있다.

V. 맺음말

필자는 달레의 『韓國天主敎會史』 속에 번역돼 전하는 윤지충 바오로의 수기를 『사학징의』 「부요화사서소화기(附妖畵邪書燒火記)」에 그 이름이 전하는 「죄인지충일긔」의 일부로 간주하고 그 수기를 분석하여 거기 나타난 윤지충 바오로의 영성을 살펴보고, 필사본 「누갈다 초남이 일긔 남믜」에 전하는 이경도 가롤로의 서간과 이순이 누갈다 남매의 편지를 작가론과 같은 방법으로 분석하여 거기 나타난 그들의 영성을 살펴보았다.

그것을 요약하면 다음과 같다.

윤지충 바오로의 수기 이른바 「죄인지충일긔」에 나타난 영성은 『천주실의』를 통해 ① 천주에 대한 확고한 깨달음, ② 『칠극』을 통해 천주교인으로서의 덕행 수양에 노력하여 마침내 순교하기까지에 이

---

32) Jordan Aumann, 이홍근 역, 『영성신학』(분도출판사, 1987) p.396.

른 것을 알 수 있었고, 이경도 가롤로는 ① 순교를 특은으로 생각하며 천주님께 감사하고 있었으며, ② 지극한 효성을 지니고 있었다. 이순이 누갈다는 ① 순교를 특별한 은총의 결실, ② 동정의 원의와 그 실천, ③ 지극한 효성, ④ 신망애(信望愛) 삼덕과 성모 신심, ⑤ 시재빈인(施財貧人)의 이웃 사랑, ⑥ 하느님과의 일치, 성스러운 하느님의 잔치에 참여하기를 소망함 등을 지니고 있었다.

앞으로, 머리말에서 열거한 여러 순교자들의 작품을 하나하나 분석하여 그들이 지니고 있었던 영성을 귀납한다면 우리나라 초기 순교자들의 영성의 특성을 구체적으로 확인할 수 있으리라고 생각한다. 그리고 외국 순교자들과의 비교 연구도 가능하리라 생각한다.

면형무아(麵形無我)는 오늘 한국교회(韓國敎會)가 걸어야 할 순교(殉敎)의 길

이유남

Ⅰ. 들어가는 말

한국순교복자수도회(韓國殉敎福者修道會) 대가족을 창설한 무아(無我) 방유룡(方有龍) 신부님의 탄신(誕辰) 100주년을 기념하는 올해가 가기 前, 순교성월에 그분의 영성(靈性)이 담고 있는 순교의 길과 그 독특한 영성적 발전을 살펴본다는 것은 매우 뜻 깊은 일이라 하겠다.

무릇 어떤 聖人의 삶과 영성을 얘기하더라도, 그 영성이 오늘 지금 여기에서 살고 있는 우리의 삶과 어떤 식으로든 연결 될 수 있다는 시간적인 연속성과 우리 가운데 뿌리 내릴 수 있는 생명력을 지니지 못했다면, 그 영성은 더 이상 오늘을 사는 우리의 관심을 이끌어 낼 수는 없을 것이다.

그런데 오늘 우리가 살펴보게 될 무아(無我) 방 신부님의 영성-

면형무아(麵形無我)¹)와 그 길 - 은 제삼천년기를 향하여 새로운 한 발을 내딛고 있는 한국교회가 참으로 살아 내지 않으면 안 되는 한 국적인 영성, 순교정신의 결정체(結晶體)라는 점에서 우리는 이 학 술회의의 중요성과 의의를 찾아볼 수 있겠다.

우선 본 연구에서는 무아(無我) 방 신부님의 생애(生涯)와 순교가 문(殉敎家門)의 건립(建立)에 대해 간략히 소개하면서, 왜 하필이면 면형무아(麵形無我)의 영성(靈性)이 그분의 생애를 관통(貫通)하면서 한국순교복자수도회 대가족의 영성이 되었는가를 일별하고자 한다. 이어서 이 면형무아(麵形無我)의 영성이 담고 있는 순교정신과 순교 의 길을 고찰하면서 면형무아의 영성이야말로 순교영성을 지금 여기 의 일상(日常) 안에서 구체적으로 살기 위한 영성임을 확인하고 그 내용들을 보다 상세히 살펴보고자 한다. 끝으로 제삼천년기를 향해 길을 떠난 한국교회의 오늘을 진단하고 내일을 전망해 보기 위해, 면형무아(麵形無我)로 구체화된 순교영성으로 조망(眺望)해 보면서 결국 한국교회가 걸어야 할 순교의 길이 바로 면형무아의 영성임을 제시하고자 한다.

---

1) 이 말은 무아(無我) 방 신부님의 영성(靈性)의 정점(頂點)이자 영적 여정(靈 的旅程) 전체를 표현하는 한 마디이다. 일차적으로 이 말이 뜻하는 것은 성 체(聖體)이다. 곧 밀떡이 밀떡으로서의 본성을 비우고 그리스도의 몸을 모셨 다는 데서 형상(形相)만 밀떡일 뿐이지 실은 무아(無我)라고 보는 데서 유래 한 말이며 초대교회에서 쓰던 면형이라는 말에 무아(無我)를 첨가해서 무아 방 신부님이 만든 용어다.
그러나 성체성사가 바로 그리스도의 생애의 종결이요, 그 분의 삶이 어떠했 는가를 단적으로 드러내는 상징이라는 점에서 면형무아(麵形無我)는 온전히 자기 비움으로 일관(一貫)하신 그리스도의 삶 전체를 직접적으로 가리키는 말이 되기도 한다.

1. 무아(無我) 방 신부님의 생애(生涯)와
순교가문(殉敎家門)의 건립(建立)

지금부터 꼭 100년 전에 무아(無我) 방유룡(方有龍) 신부님은 서
울 중구 정동에서 태어났다. 조부 방제원은 한학자셨고, 아버지 방경
희는 당시 영국 공사관의 영어 통역관이었다. 방 신부님 위로 두 분
의 형님과 누님 한 분이 계셨으나 할아버지의 각별한 사랑은 방 신
부님에게 집중되었다고 한다. 집안의 어른이셨던 할아버지의 무조건
적인 사랑과 특별한 비호(庇護)는 후일 방 신부님으로 하여금 인간
에 대한 하느님의 절대적인 사랑을 깊이 알아듣는 데 큰 도움이 되
게 했다고 전한다. 그런 조부께서 어떤 연유(緣由)에선지는 모르나
방 신부님을 두고 늘 "장차 가문을 일으켜 세울 아이"라고 말씀하셨
다니, 일찍이 한국순교복자수도회 대가족의 창설자가 될 줄 미리 알
아보셨는지도 모르겠다.

방 신부님이 10세 되던 해는 한일합방(韓日合邦)으로 인해 나라는
주권(主權)을 잃게 되고 굴욕적인 일본의 지배 속에 희망을 잃어버린
뜻있는 사람들에게는 고통의 세월이 이어지게 되는 가운데, 신부님은
청소년기를 보내고 18세에 용산 소신학교에 입학하게 된다. 전해지는
동창신부들의 증언에 의하면, 신학교 입학한 후 얼마 지나지 않아 멋
쟁이 건달처럼 잘난 척하던 방 신부님에게 전격적인 회심(悔心)의 사
건이 있었다고 한다. 그 이후부터 돌변한 태도로 마치 수사(修士)처
럼 침묵과 기도에 몰입한 채 신학교 생활을 하면서 그는 성인(聖人)
이 되어야 한다는 자신의 소명(召命)에 충실하기 위한 길을 모색했
고, 그 와중에 외국에서 들어온 수도원들을 탐방(探訪)하면서 마음을
굳히게 되었다고 한다. 이제 "가문을 일으켜 세울 아이"라는 할아버
지의 기대가 무엇이었던가를 비로소 깨닫게 되었던 것은 아닐까?

결국 방 신부님은 이미 외국에서 시작되어 한국에 진출하게 된 수도회들이 갖는 한계를 극복하면서도 이 땅에 사는 그리스도교인들의 특성을 살려 수도생활을 하기 위해서는 한국적인 새로운 수도회가 필요하다고 확신하게 된 것이다. 더욱이 암울하고 슬픈 민족의 수난시기 한가운데서 굳이 한국적인 수도회 건립을 꿈꿀 수밖에 없었던 데는 그의 소명을 통해 참된 한국적(韓國的)인 성인(聖人)의 길을 알려 주고픈 하느님의 배려(配慮), 성령의 인도(引導)가 없을 수 없다 하겠다.

신학교 생활을 마치 수사(修士)처럼 지낸 무아(無我) 방 신부님은 1930년 10월 사제로 서품돼 강원도 춘천교회 보좌신부로 사제의 길에 들어선다. 그리고 이어서 황해도 장연, 재령, 해주 본당을 거쳐 1942년에는 경기도 개성 본당 주임으로 부임하게 된다. 그런 가운데서도 한국적인 수도회의 새 가문을 일으켜 세우겠다는 그의 꿈은 보다 더 뚜렷하고 분명하게 자라고 있었지만, 일제지배하의 현실적 어둠 속에서는 다만 땅속에 묻힌 한 알의 작은 겨자씨처럼 숨죽여 기다려야 했다. 그러나 날이 갈수록 해방의 아침이 기어이 오리라는 기대 속에 조금씩 그 싹을 틔울 준비를 하고 있었던 것만은 틀림없으니, 해방된 그 이듬해인 1946년 4월 21일 개성본당 사무실에서 '한국순교복자수녀회'라는 가문(家門)을 마침내 일으키게 된 것이다. 그 날은 마침 그해의 부활주일이었고 1846년에 새남터에서 순교하신 성 김대건 안드레아 신부님의 순교 100주년이 되던 해였다. 결국 주님부활을 기념하는 날에 순교가문(殉敎家門)이 세워지도록 삶과 죽음을 한자리에 안배(按配)하신 주님의 섭리(攝理), 그 완전함에 감탄과 찬미를 드릴 뿐이다.

한편 한국순교복자수도회 대가족이 이루고 있는 순교가문(殉敎家門)은 무아(無我) 방 신부님이 그 오랜 준비시기 동안 한국교회의 특성과 한 민족의 영적 사명과 그 방향을 숙고(熟考)하면서 시작한 만큼, 이제 그 가문에서 배출하게 될 모든 영성가, 신비가, 사상가, 성인들은 바로 한국교회 순교자들이 남긴 순교영성을 제 각각의 일상적 현실에서 어떻게 구체적으로 살아 내느냐에 따라 그 삶을 완성해 가게 될 것은 틀림없는 사실이라 하겠다.

그렇다면 여기서 한 가지 상기해야 할 것이 있으니, 어차피 순교자와 순교영성은 한국교회만의 특성이라 보기는 어렵고 또 세계교회의 보편적 현상이요 역사적 사실이라 볼 수 있기에 특별히 한국교회 순교자들을 수도생활의 주보요 모델로 삼고 출발하게 된 데는 무아방 신부님 나름대로 목적하신 바가 있지 않겠는가 하는 점이다.

죽음과 부활을 통한 그리스도교의 신비를 가장 잘 드러내는 세계교회의 보편적 맥락을 이으면서도 한국교회 순교자들은 세계교회 역사상 유례가 없는 자생적(自生的)인 교회를 건립하면서 몇 가지 뚜렷한 특성을 갖고 있으니,

<u>첫 번째는</u> 그들의 <u>자발성(自發性)</u>이라 하겠다. 특별히 이 민족이 종교적인 민족이 아닌 다음에야 '자생(自生)하는 교회'가 어떻게 가능했겠는가? 그것도 학문을 탐구하는 학자들의 모임에서 그리스도교의 진리가 토론연구의 주제가 되고, 그 내용이 암시하는 진리를 살아 보고자 하는 원의가 발생하면서, 자발적(自發的)인 의지로 세례를 받는다는 일은 결코 우연한 일이 아니었다고 하겠다. 때문에 스스로 찾고, 질문하고, 그리고 스스로 얻은 해답 속에 또한 스스로를 남김없이 투신할 수 있었던 지혜와 용기, 믿음과 사랑이 알려지자, 훗날 전 세계 교회는 믿을 수 없어 하고 놀라워했던 것이다.

<u>두 번째의 특성은</u> 자발적인 연구모임 시작부터 긴 박해시기를 겪으며 숱한 순교자들을 배출하기까지 그들은 상당한 깊이까지 <u>신앙의 토착화(土着化)</u>를 창의적으로 이루었다는 것이다.[2] 앞질러 말한다면,

---

[2] 초대교회 순교자들은 특별히 체계 있는 예비자를 위한 교리교육도 성서공부도 없이 자발적으로 연구하고 믿게 된 유학자들의 비교적 단순소박한 전교

선교사제들이 입국한 뒤 교회가 안정시기를 겪으며 상당한 발전을
이룬 그 이후의 시기 동안이 오히려 토착화(土着化)와는 먼 거리에
서 교세확장에만 주력해 왔다고 할 수 있을 것이다. 그렇다면 역설
적으로 선교사제의 입국이 없이 이루어진 자생적(自生的)인 교회였
기에 가능했던 초기교회의 자유로움이요 창의적인 토착화였다고 볼
수도 있으리라.

세 번째 특성은 아직 신앙이 제대로 뿌리내리지도 못한 초기부터
시작된 대규모의 박해가 그토록 여러 차례 이어지는데도 불구하고
그 고난의 시험대를 참으로 의연히 통과할 뿐 아니라 끝내 굴하지 않
고 그 신앙을 뿌리내리고 마는 참으로 끈질긴 진리추구의 정신 등은
결코 다른 지역의 순교자들과는 비교할 수 없는 값진 것이라 하겠다.

이런 한국교회의 저력(底力)은 바로 한국 민족의 정신에서 나오고
한민족의 정신은 또한 한민족이 걸어온 역사적인 도정(道程)에서 저
절로 형성된 영적인 힘이라면, 우리 민족의 영적 특성은 바로 신적
생명을 지닌 진정한 자아를 찾기 위해서는 인간적인 자아(自我)의
죽음이 아무리 끝없이 요구된다 하더라도 언제라도 기꺼이 그를 용
납(容納)하고 또 남김없이 수락(受諾)할 수 있는 그 용기와 힘에 있
다고 말할 수 있지 않겠는가? 그리고 이러한 사실은 이미 그 오랜
한민족의 역사 전체를 통해 충분히 입증되었다고 볼 수 있으며 바로
그렇게 축적되고 길러진 영적 힘이 그리스도교의 진리를 만났기에
그토록 강한 열기로 그리도 긴 시간 동안 불타오를 수 있었던 것이
라고 본다.

의 가르침에 입각한 신앙을 지녔을 뿐인데도, 그들이 옥중에서 보이는 그리
스도교인으로서의 덕행(德行)이나, 심문 중에 하는 대답을 볼 때, 이미 오랜
세월 동안 우리 민족의 삶 속에 깊이 뿌리박힌 인간으로서의 도리(道理), 생
의 이치(理致)에 대한 깨달음과 더불어 윤리도덕적인 가치와 신념에 입각해
서 알아들은 신앙, 하느님에 대한 신의(信義)와 충정(衷情)과 애정(愛情)을
표현하고 있음을 볼 수 있다.

결국 무아 방 신부님이 건립한 수도회의 근본목적은 바로 이러한 영적 힘과 전통을 지닌 순교가문을 통해 한국적인 수도생활을 하겠다는 것이었다.

2. 면형(麵形)³⁾에 이르는 순교(殉敎)의 길

"면형(麵形)은 하느님의 궁전이며, 면형(麵形) 가는 길이 바로 하늘 가는 길입니다"(강론 70. 8. 13.)⁴⁾라는 말씀으로 면형을 영적 길의 목표지점, 도달점으로 제시하시는 무아 방 신부님은 그 면형 가는 길에 초대된 우리 모두가 순교가문(殉敎家門)을 잇는 혈업(血業)을 상속받았다고 확신하실 뿐 아니라, 죽음을 두려워하지 않는 순교정신으로 산다는 것은 바로 제2의 그리스도가 되는 것이라고 보신다. 때문에 순교의 길을 걷는 자는 그리스도가 걸었던 사랑의 길을 걷는 것이요, 그리스도가 하셨던 것처럼 하느님의 뜻을 이루기 위해 자기(自己)를 부정(否定)하고 하느님의 말씀을 육화시키기 위해 자신을 희생하는 삶을 산다고 하신다. 그리고 그 길을 걸을 자격이 있는 자는 바로 그리스도의 십자가가 지닌 죽음을 넘어서는 사랑의 비밀을 알아듣는 자라고 덧붙이신다.

---

3) 면형(麵形)에 대한 무아 방 신부님의 직접적인 해설은 이렇다. "예수님께서 천주시면서 비하(卑下)하시고 비하(卑下)하시어 무화(無化)하신 것으로 성체(聖體)를 말한다"(단상과 명언 56).

4) 여기서 인용하는 모든 강론 내용은 한국순교복자수녀회가 1980년에 무아 방 신부님의 사제서품 기념 50주년에 펴낸 『영혼의 빛』에 수록되어 있는 것들이다. 이 책 안에는 그분이 틈틈이 기록해 놓은 영적인 시(詩)들인 '영가(I)'와 미사나 피정 중에 행한 '강론'과 친히 작사 작곡한 몇 개의 전래성가들(영가 II)과 '단상(斷想)과 명언(名言)', 그리고 용어해설이 부록으로 실려 있다.

"우리는 순교복자가문에 탄생한 사람으로 피를 상속받았습니다. 순교
정신으로 우리 조상을 본받았는데, 이 정신으로 무장한 가문이 죽음을
무서워할 리가 없습니다. 끓고 타는 사랑은 죽음을 모르며 순교정신으
로 무장한 이는 여기서 벗어날 수 없습니다. 죽음을 무서워할 수 없는
데 이는 죽음의 죽음이니까요. 예수님이 죽으심으로 죽음을 없애시고
지옥을 없애셨으니 우리는 순교정신으로 무장하려면 죽음의 죽음이 되
어야 하겠습니다.

……순교는 하느님께 드리는 희생물! 이를 하느님이 알아주시어 순교
자는 앞장서게 됩니다. 뿐만 아니라 사랑의 기치아래 형제애의 휘장을
달고 희생정신으로 전화위복(轉禍爲福)을 비전(秘傳)하는 주 예수님의
문하생(門下生)입니다.

……우리는 세속을 끊어 버리고 면형과 하느님이 똑같이 하듯이, 우
리는 하느님과 군림하기 위하여 이렇게 왔는데 세상에 무슨 미련이 있
어서 주의 길을 향하여 매진일로(邁進一路)에서 무엇 때문에 뒤를 돌
아다봅니까? 육신 사욕(邪慾)하고 꿈만 꾸는 이 세상에 제2의 그리스도
가 새로 탄생해야 합니다"(강론 70. 8. 13.).

밑줄 친 부분들은 무아 방 신부님이 순교와 관련하여 생각해 낸
독특한 영성적 용어들로서, 이제 펼쳐 나갈 그분의 영적 여정에 있
어 그것들은 서로 중요한 사상적 연결을 이룰 뿐 아니라, 바로 그
영성의 핵심이 되는 침묵(沈默)5), 대월(對越)6), 면형무아(麵形無我),

---

5) 무아 방 신부님이 사용하시는 침묵은 우선 말 안 하는 것이 아니라 자기(自
己) 없음과 자아부정(自我否定)을 뜻한다. 특별히 그분의 영성체계 안에서는
하느님과 합일하기 위해서 영혼에게 요구되는 극기(克己)의 과정 전체를 의
미하므로 죽음, 순교(殉敎)를 뜻하기도 한다. 인간의 한계 때문에 하느님과
합일하는 데 방해되는 것이면 무엇이든 죽이고 없애고 부정하는 길인 이 침
묵을 잘하기 위해서 그분은 특별히 완덕오계와 침묵십계 등의 가르침을 주
기도 했다. 그 내용은 침묵의 구체적인 단계를 정하여 먼저 육신(肉身) 내적
(內的) 침묵(沈默)으로 분심잡념과 사욕(邪慾)을 없이 하고, 육신(肉身) 외적
(外的) 침묵(沈默)으로 이목구비(耳目口鼻), 수족(手足), 동작(動作)의 침묵이
있고, 영혼침묵으로서 이성(理性)침묵과 의지(意志)침묵을 들고 있다.
6) 대월(對越)은 말 그대로 영혼이 현실적인 모든 것을 떠나 하느님을 대면하는

그리고 점성정신(點性精神)[7]으로 이어지는 영성의 기초적인 맥락이
된다 하겠다.

그런 의미에서 밑줄 친 부분을 중심으로 순교영성이 어떻게 면형
에 이르는 길이 되고 있는지를 보다 구체적으로 살펴보자.

1) 순교가문(殉敎家門)에 탄생한 이들은
죽음을 무서워하지 않는다

무아 방 신부님은 "순교자를 현양(顯揚)하는 것이 한국순교복자
수도회의 특수목적"이라고 명시하시면서 순교자들을 현양(顯揚)하는
일은 하느님과 우리가 가장 가까워지는 일이라고 덧붙이신다. 무슨
뜻인가? 순교를 통해 얻어지는 것이 바로 내 영혼의 무화(無化)요,

것을 의미하는데 이 말은 워낙 유교에서 상제대월(上帝對越)이라 하여 선비
가 지극한 정성과 깨어 있음[敬]으로 그 몸가짐과 정신세계를 가다듬는 데
있어 마치 상제(上帝)를 대하듯 하라는 의미로 사용되던 것을 초대교회에서
받아들여 하느님께 잠심하여 기도하는 생활을 지칭할 때 사용하던 것을 무
아 방 신부님에게 와서 특별한 영성어로 채택되어 쓰이게 되었다.
그분은 수도생활이 바로 대월생활이라 하여 무엇보다 하느님의 현존 속에
살아가며 언제 어디서나 하느님을 의식하며 하느님과 더불어 사는 삶이어야
한다고 강조할 뿐 아니라 하느님은 곧 사랑이시니 결국 사랑 속에 사는 삶
이요 사랑하며 살고 사랑밖에는 모르는 삶이 바로 대월생활이라고 하신다.
7) 점성정신(點性精神)은 무아 방 신부님께서 처음으로 만들어 쓰신 용어라고
할 수 있다. 점(點)의 성질에서 나온 정신이라는 뜻인데, 비교적 그분의 생애
말기에 사용하셨다고 할 수 있다. 곧 면형무아(麵形無我)라는 영성의 정점에
이르기 위해서 끊임없이 요구되는 영혼의 죽음, 자기 무화를 보다 알아듣기
쉽게 설명하려고 무척이나 고심 하시던 끝에 그분이 만들어 내셨던 것이다.
면형을 설명할 경우, 형상(形相)뿐이지 실은 무(無)라고 할 때 무(無)는 말
그대로 없음이니 형상(形相)만이 있다는 말과 서로 모순되지 않는가? 대신
점(點)은 있는 것 중에서 가장 작은 것이면서도 모든 선(線), 면(面), 부피,
모양에 있어서 없어서는 안 될 시작이요, 마침을 나타내는 중요한 속성을 가
졌으면서도 정작 자신은 내세우지 않고 다른 모양이나 형상 속에 숨는 특성
이 있어 면형무아(麵形無我)의 무(無)나 비허(卑虛), 겸손과 사랑으로 드러나
는 하느님의 신비를 설명하는 데 적합하다고 보신 것이다.

본성적(本性的) 죽음이기에 남는 것은 그분과의 일치요 하느님 자신이시라는 것이다. "우리가 순교자를 현양하려면 순교자를 닮아야 하는데 순교정신을 가져야 합니다. 세상 사람들은 죽는 것, 병든 것을 싫어합니다. 그러나 우리는 죽는 날이 제일가는 날입니다. 본성(本性)이 죽고, 죽는 날이 좋으려면 내게 닥치는 괴로움을 받으면 내 영혼과 하느님의 힘이 합쳐서 모든 밖에서 오는 유감을 쳐 이길 수 있게 됩니다"(강론 62. 3. 9.).

이런 신부님의 영성에서 비로소 그리스도교적 죽음의 철학과 동양적 신비주의가 만나서 새로운 순교의 영성이 시작된다고 하면 지나친 것일까?

한편 순교정신으로 산다 함은 또한 "덕(德)을 위해서 죽는 것"인데, 그 덕(德)은 예수님의 고난에 의한 덕(德)이므로 바로 예수님의 고난과 일치하는 덕(德)이기도 하다. 그래서 그것은 죽음이 아니라 새로운 삶이요, 그리스도에 의한 참삶을 사는 것이기에 오히려 인생은 단 멍에와 가벼운 짐만을 지는 삶이 된다고 보신다.

"순교정신은 순교에 대한 지식을 가지고 있는 것이요, 덕(德)을 위해서 죽는 것입니다. 하느님을 위해서 죽는 것은 죽는 것이 아니라는 것을 우리 정신에 깊이 새기고 있습니다. 하느님을 위해 생명을 버리는 이는 그 생명을 얻는 것이요, 사욕(邪慾)을 위해서 가지는 이는 잃어버리는 것입니다. 이리하여 죽는 날이 복된 날임을 알게 될 것입니다. 우리가 당하는 고난은 예수님의 고난에 의해 덕으로 돌아가니 우리는 순교정신으로 당하는 것을 잘 참아 받는다면 내 멍에는 달고 내 짐은 가볍다고 예수님 말씀하셨습니다"(강론 62. 3. 8.).

이렇듯 순교정신으로 산다 함은 본성(本性)의 삶을 벗어나는 일이므로 곧 신적 생명의 세계에서 살 수 있는 복을 누리게 되고 그런 영혼에게만 가능한 신비가 있으니, 곧 "영혼이 살고 생각하고 행동하고 말하던 것이 이제는 하느님으로 살고, 하느님으로 생각하고, 하느님으로 행동하고, 하느님으로 말하는 것"이다. 결국 "면형이 예수님을 떠날 수 없는 관계가 있듯이 우리도 하느님과 이렇게 결합하게 되는 것"(강론 61. 8. 24.)이다.

그러므로 순교정신이란 결국 "죽는 것을 좋아해야 한다는 것으로 죽음의 죽음8)을 좋아하는 것"이요, "그 사람은 죽음을 무서워하지 않으며, 오히려 죽음이 그 사람을 무서워한다"(강론 62. 4. 13.).

2) 순교정신은 '죽음의 죽음'을 살게 한다

먼저 '죽음의 죽음'이 의미하는 바가 무엇인지를 아주 상세하고 알기 쉽게 설명해 주는 강론이 있으니, 1959년 12월 31일 한 해를 마무리하면서 드리신 미사 중에 하신 강론 내용이 그것이다.

"1959년을 영원히 보내는 것처럼, 우리도 영원히 세상을 떠날 날이 옵니다. 떠나기 전에 먼저 죽음을 맞이하게 되는데 죽음의 죽음이 되어서 내 영혼이 떠나는 마지막 날이 복되게 되어야 하겠습니다. 이 날은 하느님께서 송별잔치를 해 주시는 날이니 성인(聖人)들은 바라고 원하는 날이 바로 죽는 날입니다. 이렇게 복되게 죽기 위해서는 죽음의 죽음이어야 하지 않겠습니까? 이러한 죽음이 아니면 죽는 것이 무섭고 들기 싫고 고통스러운 것이지만, 수도자나 성인(聖人)이 죽음의 죽음이 되면, 죽는 날이 기다려지고 죽음을 앞둔 모든 날이 희망이 가득하고 복된 나날일 것입니다. 죽음의 죽음은 침묵(沈默)·대월(對越), 죄짓는

8) 죽음의 죽음이라 할 때 먼저의 죽음은 말 그대로 죽음의 세력에 속하는 모든 인간적이면서 피조물의 한계에 지나지 않는 부정적(否定的)인 것들을 총칭하고, 뒤의 죽음은 그 부정적인 모든 것이 없어지고 극복되는 것을 의미하니, 죽음의 죽음은 곧 신비적인 죽음으로서 자기 부정(自己否定)과 자아(自我)의 죽음을 상징하는 말이다. 그러므로 역설적으로는 새로운 삶, 신적 생명을 얻은 부활한 삶, 영원한 삶을 위해 필연적으로 넘어서는 죽음을 의미하므로 생명과 삶에 대한 줄기찬 긍정(肯定)이라고도 할 수 있겠다.

데, 사욕(邪慾)대로 행하는데, 분심잡념에서, 본성(本性)대로 살고 싶은
데서 죽어야 합니다."

이제 '죽음의 죽음'의 생활이 따로 있는 게 아니라 우리가 맞이하
는 매일의 밤과 낮의 일과가 그대로 이 죽음의 신비를 연습하게 한
다는 것이다. 특히 일상의 모든 순간에 하느님의 신비를 경험해야
하는 수도자들에게 있어 밤이 주는 선물이 바로 신비적 죽음의 연습
인데, 곧 수도원에서 매일 저녁 끝기도 후에 시작되어 다음 날 미사
후까지 이어지는 대침묵시간이라고 해설해 주신다.

    "……죽는 법을 매일 연습하고 묵상해야 합니다. 이 최후목적을 달성
    시키기 위하여 날마다 기회를 주시는데, 저녁이면 잠자는 것이 죽음을
    생각하게 하고 죽음이 오기 전에 신비적으로 죽어야 할 것을 생각하게
    합니다. 침대가 무덤이 아니겠습니까? 신비적으로 죽으면 무아(無我)가
    되고, 무아(無我)가 되면 면형(麵形)으로 들어가게 됩니다. 아침에 일어
    남은 예수님 무덤을 깨치고 부활하심과 같이 부활을 상징하고, 신비적
    으로 밤에 죽었으면 사랑이 가득찬 빛난 아침이 될 것입니다. 수도원에
    서 일과를 마치고 대침묵으로 들어가는 것은 침묵(沈默)의 절정입니다.
    이는 신비적으로 죽어서 침묵으로 들어감을 상징하는데 이때 연습을
    해야 합니다. 훈련은 순간순간 하여야 하는데 시시각각 당하는 역경과
    괴로움을 잘 받아야 합니다. 참아 받으면 받을수록 달라집니다. 이렇게
    죽는 날이 경삿날이니 성인(聖人)의 축일은 가장 큰 은혜인 죽음의 은
    혜를 감사하는 뜻으로 죽은 날을 축일로 지냅니다. 잘 죽지 못하면 부
    활도 못합니다."

그런데 우리가 이런 '죽음의 죽음'을 살지 않으면 안 되는 이유가
있으니, 이는 바로 그리스도의 십자가로 얻어진 새 생명의 힘으로
이 세상 사람들 모두가 걸려 있는 전염병과 같은 죽음의 현실을 극
복하고 치유하기 위함인데, 그러기 위해서는 무엇보다도 내가 먼저

기회 있을 때마다 침묵(沈默)·대월(對越)로 그 죽음과 부활에 동참
해야 한다는 것이다. 이는 마치 예방주사를 맞는 것처럼 우리에게
죽음에 대한 강한 면역력을 길러 주게 되어, 진정한 죽음(죽음의 왕)
앞에 놓였을 때 참으로 극복하기 쉽게 만들어 준다는 것이다.

　"죽음이라는 것은 인류의 전염병이요 죽음의 부하는 고통입니다. 죽
음을 벗어나는 이는 하나도 없으나, 이 죽음이라는 전염병을 면할 수
(는) 있으니 신비적으로 죽어야 합니다. 고통을 순간순간 받는 것이 예
방주사와 같으니 실은 고통을 싫어하고 괴로워했습니다. 그러나 하느님
께서 예방주사에 대한 설명을 해 주신 후 우리는 듣고 즐겨 받게 되는
것입니다. 이렇게 고통을 이겨 나가면 죽음의 부하가 죽고 (이어서) 죽
음의 왕이 나타날 것인데 그때는 부하가 다 죽었으니 왕이 꼼짝 못 합
니다. 무아(無我)를 지나야만 면형(麵形)을 맞이하는데 면형(麵形)에 가
야만 예수님을 만납니다. 세월은 바삐 지나가서 죽음으로써 끝을 맺나
니 허송하지 말고 침묵(沈默)·대월(對越)로 하느님과 친해져야 하겠습
니다. 침묵(沈默)·대월(對越)이 없이는 하느님을 볼 수가 없고 고통이
심합니다. 천지만물도 변하는데 우리도 변해야 합니다"(59. 12. 31).

3) 신비적(神秘的) 죽음은 침묵(沈默)·대월(對越)하는 삶이요, 면형(麵形) 가는 길이다

　그렇다면 어떻게 하는 것이 침묵(沈默)·대월(對越)의 삶인가?
　한 마디로 "하느님을 위하여 나를 없이 하는 것이다". 그런데 여
기서의 침묵은 '말 아니하는 것이 아니고' 내적 자아를 침묵하는 것
이니, 내 안에서 하느님을 거스르는 모든 나쁜 생각과 나쁜 마음을
없애는 것이라 할 수 있다. 그러므로 영혼이 얼마나 하느님을 닮아
있지 않느냐에 따라 침묵의 정도도 달라져야 한다. 결국 하느님을
거스르는 인간적인 본성 자체를 침묵시킨 연후(然後)에라야 대월(對

越)로 들어갈 수 있다. 이렇게 해서 "침묵(沈默)·대월(對越)로 들어 가면 자기(自己)가 없어지는 것이다. ……꽃이 열매를 맺기 위해 아 무리 고와도 떨어져야 하고 부모도 가손(家孫)을 전하기 위하여 죽 어야 한다"(강론 60. 12. 18.). 그렇게 우리도 하느님을 위하여 나를 없이 해야 한다는 것이다.

"우리 주 예수 죄인과 같이 죽으셨음을 생각할 때 적어도 우리는 우 리 주 예수와 같이 죽어야 하며 신비적(神秘的)으로 죽는 것은 침묵(沈 默)·대월(對越)로 죽는 것이다. 이는 완덕오계(完德五誡)인데 본성을 초월함이다. 부활축일 잘 지내는 것이 어떤 것인지 몰랐는데 잘 죽는 것 이다. 곧 무아(無我)가 되는 것이다. 죽는 정도대로 예수의 고난을 효과 있게 해드릴 것이다. 이렇게 해드리면 기뻐하고 또 다시 고난받기를 좋 아하실 것이다. 영원한 생명을 얻기 위하여 방법은 죽는 것이다. 목적을 달성하기 위해서는 방법을 쓰는 것인데 살려고 하는 이는 죽어야 산다. 신비적 죽음, 완덕오계 명으로 죽어야 한다. 정말 죽으면 그 사랑 때문 에 어려움을 완전히 잊어버리게 된다. 죽어야 산다"(강론 60. 4. 17.).

한편 신비적인 죽음은 영혼으로 하여금 면형(麵形) 가는 길로 안 내하는데, 이는 다름 아닌 무아(無我)가 되는 것이고, 마치 거룩한 무덤에 우리의 자아(自我)를 두었기에 현실 속에서 당하는 모든 유 혹과 시련 앞에서는 아무것도 느끼지 못하는 것과 같은 상태다. "면 형은 무아를 말하는 것인데, 무아(無我)는 사욕(邪慾)과 분심(分心) 하는데 송장과 같으니, 이 신비로운 죽음을 말하는 것이고, 이 신비 로운 죽음이 죽음의 죽음인 것입니다. ……신비로운 죽음이 나를 성 묘(聖墓)에 들어가게 하며……, 면형(麵形)에 들어가야지 예수님을 만 나고 침묵(沈默)·대월(對越)이라야 무아(無我)로 들어갑니다"(강론 60. 4. 10.).

신부님께서 신비적인 죽음과 관련하여 면형과 무아를 한꺼번에 말

씀하시는 데는 까닭이 있다. 즉 신비적인 죽음, 죽음의 죽음으로 표
현되는 자기 부정, 자아의 죽음을 제외한 다른 길을 통해서는 결코
하느님을 만날 수 없다는 확신 때문이다. 아울러 하느님이 면형 안
에 계신 이유는 바로 우리의 한계 때문이니, 곧 인간적인 본성을 지
닌 채는 결코 하느님을 뵙거나 모실 수 없는 영혼사정 때문이라고
하신다. "우리는 하느님을 반드시 면형을 통해서만 뵙고 모시지 다
른 길이 없다. 고로 하느님을 뵈옵고 싶으면 면형을 통해서만 만나
는데 이 면형의 길이 곧 무아이다. 하느님께서 면형에 계신 이유는
우리 보고 침묵(沈默)·대월(對越)로 온전히 내가 죽어야 면형이 된
다는 뜻으로 면형 안에 계신다. 당신께서 면형 안에 계시고 싶어서
가 아니라 우리가 면형을 본떠서 면형무아(麵形無我)가 되면 당신이
우리 안에 와서 계시고자 함이다"(강론 60. 9. 21.).

그러나 여기서 잊지 말아야 할 것은, 이 모든 죽음의 과정이 실은
죽기 위함이 아니라 정말로 세상에 태어난 보람을 실천하여 하느님을
뵙고 모시기 위함이니, 이는 마치 애벌레의 탈각(脫却)에 비유할 수
있다고 보신다. "정말로 세상에 난 보람 있게 살려거든 본성(本性)에
서 벗어나라. 정말 침묵생활로 정신을 안정하자. 번데기가 고치를 벗
어나면 나비가 되어 공중으로 날고 꽃밭에서 꿀을 따 먹으나 곤충이
었을 때는 땅바닥을 기어 다니는 일밖에는 못 한다"(강론 59. 6. 14.).

그래서 참된 본성(本性) 곧 하느님의 생명을 지니고 그분의 사랑
안에서 자유롭게 노닐 수 있는 행복에 도달하지 못하면 이 세상에
태어난 보람도 의미도 없이 살다 가는 것이라고 한탄하시던 신부님
이셨다.

3. 순교가문(殉教家門)의 혈업(血業)은
십자가의 비결(秘訣)을 사는 것

"우리는 혈업을 상속한 순교(복자)가문에 탄생했으며 우리는 두려워 할 것이 없고, 십자가의 비결……(을 사는 것이 그) 목적이다"(강론 70. 8. 14.).

1) 십자가의 비결은 침묵(沈默)·대월(對越)을 통해 드러난다

그렇다면 방 신부님에게 있어 십자가는 어떤 비결(秘訣)을 가지고 있다는 말인가?

십자가를 통해 면형(麪形)에 이른 주님에게서 우선 자기 비움의 극치(極致)를 본다. 바로 여기에 영혼에게 있어서도 역시 자기 비움의 길인 침묵(沈默)·대월(對越)을 통해서야 십자가의 비결(秘訣)을 살 수 있다는 당위(當爲)가 성립한다. 그리고 그런 영혼이라야 일상 안에서 면형을 닮은 일체의 비천하고 보잘것없는 것의 가치를 알아보고 십자가를 적극적으로 지게 되는데 바로 그 행위가 침묵(沈默)·대월(對越)인 것이다.

"우리 주 예수를 따르는 이는 십자가를 지고 따르라 하셨음은 반드시 비밀(秘密)이 있다. 우리 주 예수 궁전이 면형임은 아무도 부인 못 한다. 성당, 감실, 성합을 떠나실 수는 있어도 면형만은 결코 못 떠나신다. 이 면형은 광물계 이하로서 먼지만도 못하나, 광물계에도 참례 못하는 면형이 하느님이 되셨다. 이렇게 비천하고 보잘것없는 곳에 강복해 주시고 은총을 주신다. ……눌러서 가장 비천하고 겸손할수록 하느님과 가까운 자다. ……이 비결을 안 이상 자기를 눌러 없이 하는 이가 복된 자임을 알 수 있다. ……지극히 비천한 데서 하느님을 찾고, 지극히 범상한 일에 항상 계신다. 그러므로 항상 어디서나 계신다. 지극히 비천한 데서 침묵(沈默)·대월(對越)하는 이는 가장 복된 자이다. 여기서 계속 침묵 대월하는 이에게 사랑이 충만하게 된다"(강론 60. 11. 13.).

일차적으로 십자가는 "죽은 형틀이 아니고 침묵하는 영혼의 생활을 말한다"(단상과 명언 58).[9] 곧 십자가는 하느님의 뜻을 이루고 하느님과 합일하기 위해 영혼이 자아를 부정하는 일체의 행위와 삶을 의미하므로, 이미 자발적으로 십자가를 선택하고 십자가를 지는 영혼은 십자가가 지닌 참생명, 곧 불멸(不滅)하는 그 영적 생명을 믿는 자들이라 하겠다. 그래서 그들은 침묵(沈默)·대월(對越)을 할 줄 아는 자들로서 일상에서 만나는 모든 것 안에서 이미 십자가의 비결을 살 수 있다는 것이다. 만일 그렇지 않다면 독수리가 제 새끼를 태양빛에 비추어 가려내듯이 맞닥뜨린 십자가에 의해 참된 하느님의 자녀인지 아닌지가 판가름 나게 된다. 그러니 일상에서 만나는 괴로움, 천대 모욕과 십자가에 복이 있음을 믿고 사랑으로 져야 한다. 여기엔 누구도 예외가 없다. 하느님의 참된 자녀가 되고 싶으면 이렇게 침묵(沈默)·대월(對越)의 길을 걸어야 하는 것이다.

"자연계를 보고 신비계를 알아보라 하셨다. 범상한 것, 그까짓 것, 천대 모욕, 십자가 이것이 세상보배로 변하고 기쁨으로 변했다. 우리 주 예수께서 바로 말씀하셨다. 십자가로 된 공로를 보시고 '내 보배를 주마' 하셨다. 미소하고 범상하며 천대모욕, 십자가의 길(에서) 정말 복이 오고, 기쁨을 느끼고, 죄 없고 사욕 없고 분심잡념 벗어난 생활에서 번데기가 고치를 벗어나듯 하느님께서 원하시는 것, 옳은 것만을 생각한다. ……성인은 못난 이도 가난한 이도 다 될 수 있다. 침묵(沈默)·대월(對越)의

---

9) '단상(斷想)과 명언(名言)'은 무아 방 신부님의 강론 중에서 중요한 부분을 골라 한국순교복자수녀회 초대원장 수녀가 매달 회원들에게 보내는 공문에 짤막하게 실어 보내던 내용을 재정리하여 『영혼의 빛』 뒷부분에 수록해 놓은 것이다. 앞으로 인용할 때는 '단'이라고만 표기하겠다.

길을 걸어라. 독수리가 태양광선에 제 새끼 머리를 쬐어 본다. 광선에 못 이겨 머리를 숙이면 제 새끼가 아닌 것으로 증명되어 떨어뜨려 죽여 버린다. 사람이나 짐승이나 하느님께서 모성애는 다 주셨는데 태양에 못 이겨 머리 숙인다고 제 새끼를 죽이겠느냐? (제 새끼가) 아니라는 것이 증명되어 죽인다. 하느님께서 우리에게 십자가 괴로움 주신다. 못 받으면 독사이다. <u>십자가 따르지 않고 하느님을 따를 수 없다.</u> 네가 내 자식이면 십자가를 사랑으로 지고 따를 텐데 너는 내 자식이 아니다 하여 독수리같이 떨어뜨린다. 어떻게 하면 하느님의 피로 이루어질 것인가? 피는 혈맥을 통해 온다. 즉 죄, 나쁜 생각, 본성에서 벗어나야 하느님의 자녀, 무한한 빛(인) 하느님의 피로 된 자녀다"(강론 59. 7. 17.)

2) 전화위복(轉禍爲福)의 십자가

신부님은 자주 십자가를 지는 행위와 모세가 파라오 앞에서 지팡이를 던지고 다시 줍는 행위를 즐겨 비교하시는가 하면, 이를 동양적 삶의 지혜라 할 수 있는 전화위복(轉禍爲福)과 연결하신다. 그리고 모든 복(福)과 사랑이 십자가를 통해 온다는 것을 수도 없이 말씀하시면서, 실제 미사 중의 강복과 또 그 외의 모든 강복이 바로 십자가를 통해 주어진다고 강조[10]하실 뿐 아니라 십자가를 통해 모든 화(禍)가 복(福)이 된다는 이 비결(秘訣)을 알고 지는 십자가는 '달고 단 십자가'가 된다고 하신다.

---

10) "강복을 받을 때 바로 십자가를 긋는다. 이 십자가는 강복을 싸서 줌을 뜻하는 것이다. 미사는 십자가의 제사라 한다. 정말로 십자가에 우리의 생명이 달렸다는 뜻이다. <u>우리의 생명은 어디에 달려 있나? 십자가에 달려 있다. 십자가는 큰 은혜를 받을수록 많다.</u> 미사 시작부터 끝까지 47번 십자가를 긋는다. 괴로움 다음에는 큰 복이 옴을 뜻한다. 십자가의 비결을 환히 깨닫는 수도자는 그 깨닫는 도수대로 원망 없이 받게 된다. 그리고 그 십자가는 괴로움을 당할 만한 힘과 겸해서 주신다"(강론 61. 4. 19.), "우리는 강복받기를 좋아한다. 강복은 반드시 십자가를 통해서 우리에게 내려온다. 십자가는 무엇을 뜻하나? 괴로움이다"(61. 4. 6.), (강론 62. 9. 22. "십자가의 비결" 참조).

"십자가를 짐은 모세가 파라오왕 앞에 던진 지팡이가 뱀이 되었는데 바로 그 뱀을 집는 것과 같은 것이다. 일단 집고 난 모세의 지팡이는 한 민족의 힘이 되고, 바다가 길이 되게 하였고, 하늘에서 양식이 내렸고, 바위에서 샘이 솟게 하는 기구가 되었다. 모든 것을 희생으로 참아 받으면 전화위복(轉禍爲福)의 원칙에 따라 우리를 해치는 일이 없어진다"(단 60), "십자가는 우리가 우리 죄로 말미암아 받아야 할 전부가 아니다. 예수께서 협조해 달라고 하신다. 전부는 지고 가시고 우리는 조금만 지게 하셨으니 달고 단 십자가다. 이 십자가는 죽이는 형틀이 아니고, 침묵하는 영혼이 십자가를 알아들어 잘 지게 되는 것이다. 십자가를 어떻게 잘 질까? 모세 앞에 파라오가 꼼짝 못하고 이스라엘이 가는 곳에는 바다가 길을 내고, 양식이 끊어지면 하늘에서 양식이 내려왔다. 예수 십자가에 죽으심은 우리 죄 때문에 그렇게 되신 것이다. 우리가 희생으로 참아 받으면 모세 이상으로 받을 것이다. 세 아이 다니엘 앞에서 사자가 꼼짝 못 한다. 전화위복(轉禍爲福)의 경지까지 이르게 된다. 예수님 도와 달라고 하시는 십자가는 사랑으로 주신 것이니, 꼭 지고 가야 한다. 이는 달고 단 신락(神樂), 힘, 권능으로 돌아간다. 이 십자가를 참아 받으면 희생이 된다. 이 희생이 올라가면 하느님께서 영광을 받으시고 이 영광을 우리는 누리게 된다"(단 317).

이제 십자가의 권능과 그 힘을 알아듣고 수락(受諾)하는 영혼에게 있어 십자가를 진다 함은, 희생(犧牲)의 경지를 넘어 신락(神樂)이 되는 경지에 이르렀다. 이것이 바로 신부님께서 말씀하시는 십자가가 지닌 비결(秘訣)이요 전화위복(轉禍爲福)의 비결(秘訣)이다. 그래서 에덴복지보다 더 복되고 좋은 지금이라고 하신다. 여기서 무아 방 신부님의 영성적 특성 중의 중요한 면이 나오는데 이 세상이 고통과 십자가가 무수히 많아서 더욱 살기 좋고 복된 세상이라는 낙관론(樂觀論)이다. 고통을 피해 내적 평화를 얻겠다고 교회를 찾는 많은 이들에게 전해 주어야 할 십자가의 의미가 바로 이것이며, 이를 참으로 알아듣게 해야 진정한 의미에서 예수님이 누리시던 신락(神

樂), 불멸하는 십자가의 생명력에 동참할 수 있는 참그리스도인이
될 것이다.

"아담이 죄짓기 전에 에덴복지는 대단히 좋았다. 그 시대에는 병고,
죽음이 없어 그저 좋기만 했다. 그러나 우리는 더 좋다. 괴롭고, 고단하
고, 아프고, 죽는다. 이것이 더 복되다. 왜 그럴까? 그 고통과 병고, 죽
는 것 이것이 보통 누리는 평화다. 사랑과 기쁨과 즐거움보다 말할 수
없는 복이 되었다. 그래서 성인의 경축은 그들이 죽은 날로 친다. 죄인
들이 받는 죽음과 의인이 받는 죽음의 고통은 아주 다르다. 죽음은 무
서운 것이 아니고 복 중 복이다. 천신들이 이것을 부러워한다. 천신은
육신이 없어서 죽는 것을 못 한다. 그래서 죽는 복을 못 누린다. 즉 의
죽음의 괴로움도 강복하고 창조하신 것이다. 이 즐거움은 아무도 빼앗
지 못한다. (그래서) 치명자들이 받는 괴로움에 대하여 우리는 알아듣
는다. 우리 수도자는 그 생활이 에덴 복지보다 더 낫다. 지극히 비천하
고 미소한 데일수록 거룩하게 하시고, 생활하게 하시고, 강복하신다. 성
인이 되라고 거룩하게 하시고 고통을 받아야 사는 것 같이 느끼게 된
다고 하셨다. 하느님을 전적으로 따라 가겠다고 하는 이에게 십자가를
지고 너를 누르고 나를 따르라고 하셨다. 제일 큰 복은 십자가에 있고
더 큰 복은 자기 자신을 누르는 데 있다. 십자가의 비결은 모세의 지팡
이를 통해 알아듣고 자기를 제어하며 누름으로 면형으로 가게 된다"(강
론 61. 5. 8.).

그러므로 이 전화위복의 비결은 반드시 '사랑의 희생(犧牲)'을 통
해 얻어지는데 결코 크고 위대한 일을 희생함으로 주어지지 않고 지
극히 일상적이고 구체적이며 또한 현실적인 자질구레한 일들을 희생
함으로써 얻어진다.

"전화위복(轉禍爲福)의 비결(秘訣)이며 하느님을 제일 기쁘게 해 드
리는 비결은 사랑의 희생입니다. 마음 상하는 일, 어려운 일이 닥쳐올

지니 그때마다 <u>사랑의 희생</u>을 바치기 위해 꾹 참고 지내며, 절망적인 생각이 들더라도 죽으라고 참는다면, 이는 정신이 되어 어려울 때에는 꼭 희생하여야 된다는 정신이 되는 것입니다. 의 · 식 · 주는 동물성(몸)으로 가고, 지식은 정신으로 가서 지성을 향상시키며, 사랑은 마음으로 가며, <u>희생(犧牲)은 신(神)으로 갑니다.</u> 어려운 난관에 봉착할 때 참읍시다"(강론 70. 8. 14.).

3) 사랑의 순교(殉敎)

죽는 것이 복되고, 괴로움이 복되고, 일상의 모든 어려움을 사랑의 희생으로 바꿀 수 있을 때 비로소 영혼은 <u>사랑의 순교(殉敎)</u>를 하게 된다. 결국 순교정신이란 다름이 아니라 "천주님의 영광이라면 아무리 괴로워도 좋고, 죽으면 보다 더 좋아하는 사상이다"(단 158). 더구나 침묵(沈默) · 대월(對越)로 하느님과 친해진 영혼은 이제 모든 것에 사랑으로 응답하게 되니, "사랑이 있는 곳에 수고가 있을 수 없다. 사람도 이렇거늘 하느님 사랑 앞에서는 모든 것이 녹아내린다"(강론 60. 11. 27.), "사랑은 수고를 모른다. 큰 사랑이면 모든 괴로움을 넘어간다. 치열한 애덕은 죽음도 모른다"(단 162).

그 까닭은 <u>십자가의 본질이란 바로 하느님의 사랑</u>이기 때문이다. "하느님의 사랑을 담뿍 담아 놓으신 위에 십자가를 슬쩍 덮어 놓으셨다. 이 길을 가는 자는 당신 비밀을 가르쳐 주신다"(강론 59. 6. 14.). 순교자들은 바로 이 비밀을 알아들었다. "순교자들은 사랑으로 끓고 타서 죽음도 두려워하지 않았다. 믿음이 만능(萬能)이면 하느님 사랑으로 들어가고 (그렇게 들어간다면) 전능하신 그 분과 하나가 된다"(단 237). 그래서 그들은 오히려 희생할 적마다 더욱 큰 낙(樂)을 누릴 수 있었다는 것이 신부님의 확신이다.

결국 일상에서 구체적으로 순교의 길을 가고, 순교의 삶을 산다는 것에 무아 방 신부님 영성의 초점이 있다고 하겠다. 그 방법은 바로 날마다 마주하는 괴로움과 어려움 앞에서 무엇보다 우리를 위해 이미 무한하신 사랑으로 먼저 십자가를 지셨던 하느님의 사랑을 느끼고, 그에 대해 우리도 사랑으로 응답하는 삶을 살아야 한다는 것이다.

때문에 그분에게는 우리가 무엇을 하느냐, 얼마나 큰 일을 하느냐는 중요하지 않다. 오직 무엇이든지 어느 정도의 사랑을 가지고 하느냐에 그 일의 값어치가 달려 있다고 본다. 그래서 아무리 적은 일이라도, 하찮은 일이라도 하느님에 대한 전적(全的)인 사랑을 가지고 한다면 그것은 무한의 가치를 갖게 된다. 그래서 미소(微小)하고 비천한 일, 보잘것없는 일에서 하느님이 숨겨 놓은 더 많은 보화를 건질 수 있는 은총, 복이 바로 날마다 사랑의 순교를 하는 영혼들이 갖는 특전(特典)이라고 보신다. 결국 이럴 수 있는 모든 힘과 지혜는 사랑 그 자체가 갖고 있다는 것이다. 모든 화(禍)를 복(福)으로 역전(逆轉)시키는 힘과 지혜는 바로 사랑의 근본적인 속성이라는 것이다.

"사랑은 불가침(不可侵)이요, 전화위복(轉禍爲福)이다. 수고도 죽음도 사랑에는 없다. 초연한 광채가 맘을 비추면 금은(金銀)은 티끌이요, 쾌락은 시궁이요, 인지(人智)가 암흑인 줄 깨닫게 된다. 이때 십자가는 생명수(生命樹)로 변하며 바위가 단 샘이 되며, 이에 깃든 기쁨의 잔은 철철 넘쳐흐른다"(단 215), "사랑은 죽음의 죽음이요 애덕(愛德)은 악마의 파멸이며, 십자가상의 죽음은 삶이다"(216), "의지의 대상 중 최고절정은 사랑이니 사랑은 바로 천주님이다. 사랑에 도달한 그는 천주님을 모신다. 참으로 내림이 오름이요, 괴로움은 즐거움이다. 기갈(飢渴)은 포식(飽食)이요, 죽음은 삶이며, 산이 무너져 골짜기를 메우면 교만은 떨어지고 겸손은 올라가니 성인(聖人)은 괴로워도 그는 괴로움을 좋아한다"(208), "사랑을 맛본 자유는 사랑밖에 몰라 사랑만 선택하고 더욱 큰 사랑으로 끓고 타는 것이다"(단 172).

결국 순교의 삶은 하느님의 사랑을 맛보고 깨달은 자에게서 가능

하다. 때문에 무아 방 신부님은 순교가문(殉敎家門)에 입문(入門)하
는 모든 영혼들에게 수시로 들려주시던 말이 있으니, **"사랑에서 태
어나고 사랑 위해 생겼으니 우리 본(本)은 사랑이요 목적도 사명도
사랑일세"**라는 말이다. 바로 이 말을 제대로 알아들은 영혼이라야
<u>사랑의 순교</u>를 할 수 있고 그 길을 통해 면형무아의 영성 그 여정
에 동참할 수 있는 까닭이다.

지금까지 무아 방 신부님의 영성 안에서 우리는 싫도록 죽음, 순
교, 고통, 십자가, 희생, 자기 부정, 자기 비움 등의 숱한 금욕적(禁慾
的)이고 부정적(否定的)인 얘기들을 보아 왔는데, 그런 이야기들을
그리도 지칠 줄 모르고 하실 수 있는 근거(根據)는 바로 그분이 가지
셨던 인간과 그의 삶에 대한 엄청난 긍정(肯定)에 있다고 보인다. 바
로 "사랑으로 생겨났고 사랑 위해 생겼다"는 표현을 보더라도, 어쩌
면 순교영성을 이렇도록 일상(日常)이라는 현실 안에 구체화(具體化),
체계화(體系化), 현재화(現在化)할 수 있었던 것도 바로 그분이 하느
님을 향해 지니고 있던 큰 사랑의 힘으로 무한하신 하느님의 사랑을
있는 그대로 직관(直觀)할 수 있었기 때문에 가능했던 것은 아닐까?

인간생명과 모든 피조물의 창조와 구원의 전 과정을 그분은 하느
님의 사랑의 역사로 알아듣고, 인간이 그 사랑을 알아듣고 따름으로
써 이제 하느님이 먼저 인간을 향해 걸어 내려오셨던 십자가의 길을
다시금 하느님을 향해 걸어 올라가게 만드셨다. 그러므로 십자가는
그 자체가 계속해서 하느님과 인간이 서로 주고받는 사랑의 사건이
요, 사랑의 삶을 살아갈 수 있게 하는 유일한 길이 된다.

엄청난 사랑의 철학(哲學)이요, 십자가(十字架) 신학(神學)이며, 삶
의 지혜(智慧)요, 죽음의 미학(美學)이 아닌가?

4. 면형무아(麵形無我)는 순교영성의
일상화(日常化) · 구체화(具體化) · 현재화(現在化)

무아 방 신부님은 십자가를 통해 드러난 하느님의 완전한 사랑을 한국적이고 동양적인 지혜를 모아 면형무아(麵形無我)라고 표현하셨다. 동시에 면형무아(麵形無我)는 이제 인간 편에서는 사랑으로 십자가의 길을 걸어야 한다는 초대이니, 결국 이 면형무아(麵形無我)는 하느님과 인간이 만나는 접점(接點)이요, 완덕(完德)의 최정상이라 할 수 있다.

이 정상을 오르는 구체적인 길이 바로 완덕오계(完德五誡)와 침묵십계(沈默十誡)로 설명되는 침묵(沈默)의 여정(旅程)이요, 사랑의 날개로 비상(飛翔)하게 하는 대월오단계(對越五段階)이다. 그리고 이 모든 과정을 점성정신(點性精神)으로 빈틈없이 깨어서 정성을 다해 걷고 마치라고 하신다.

결론적으로 이 모든 영적 단계들은 어떻게 죽을 것이고, 어떻게 오늘의 일상에서 순교할 것인가를 구체적으로 체계화해서 해설하는 영적 여정에 지나지 않는다고 할 수 있겠다.

이제 그 단계들을 보다 상세하게 살펴보고자 한다.

1) 완덕오계(完德五誡)와 침묵십계(沈默十誡)

침묵생활 곧 자기 비움의 삶을 좀 더 구체적으로 실천할 수 있도록 만든 것이 이 완덕오계(完德五誡)이고, 침묵십계(沈默十誡)라고 할 수 있으며 그 내용은 다음과 같다.

① 분심잡념(分心雜念)을 물리치고

② 사욕(邪慾)을 억제하고
③ 용모(容貌)에 명랑과 평화와 미소를 띠고
   언사(言辭)에 불만과 감정을 발하지 말고
   태도(態度)에 단정하고 예모답고 자연스럽게 하고
④ 양심불을 밝히고
⑤ 자유를 천주께 바치고 그 성의(聖意)를 따를 지니라.

위의 ①과 ②는 두 가지의 육신내적 침묵에 해당한다면, ③은 여섯 가지의 육신외적 침묵인 이목구비(耳目口鼻), 수족(手足), 동작(動作)의 침묵에 해당한다. 그리고 ④와 ⑤는 두 가지의 영혼침묵에 속하며 이 모두를 합해서 열 가지 침묵내용이라 하여 침묵십계(沈默十誡)라고 설명하신다.

이제 완덕오계(完德五誡)의 다섯 가지 항목을 한 가지씩 설명해 보면,
첫째, 분심잡념(分心雜念)은 우리 정신과 마음의 먼지이며 구름 안개와 같은 것으로, 우리 마음에 비추어져야 할 하느님의 빛, 성령의 빛을 막는 장애물로 보신다. 그러므로 마음을 수렴(收斂)하고 가라앉혀 고요하게 하며, 잔잔한 물처럼 깨끗하고 맑고 고요한 상태로 만들기 위한 계명이라 할 수 있다. 그래서 예수님께서 풍파가 일어날 때 바다를 향해 "잠잠하라!"고 하신 것처럼 우리 안에 일어나는 분심잡념(分心雜念)에 대해서도 "침묵하라!", "잠잠하라!"고 말해야 한다. 즉 하느님이 싫어하시는 나쁜 생각, 나쁜 욕구, 이기적인 본능(本能) 나아가 자아자체(自我自體)에 대해 침묵하기 위해 제일 먼저 거울처럼 맑은 마음으로 돌아가야 한다는 것이다. 이 분심잡념(分心雜念)의 원인은 세속, 인(人)·사(事)·물(物)·현상(現狀)에 대한 집착과 제어되지 않는 욕구들이라고 설명하신다.
둘째, 계명에서 말하는 사욕(邪慾)이야말로 진정한 분심잡념(分心雜念)의 원인이 되므로 결코 허용하지 말아야 하는 것이다. 이 사욕(邪慾)은 말 그대로 나쁜 욕구인데 인간의 이기적인 본성에서 나오

는 거의 모든 욕구를 총칭하는 말이다. 그런데 신부님은 이 사욕을 자주 누룩에 비유하시면서, 우리 마음을 헛된 망상과 허영으로 부풀리게 만들어 이성을 마비시키고 자유의지를 병들게 만든다고 극도로 경계해야 한다고 말씀하신다.

셋째, 외적 행위를 성화하기 위한 용모, 언사, 태도에 대한 계명들인데 이것들이 분심잡념(分心雜念)과 사욕(邪慾)의 제거(除去) 다음에 언급되는 이유는, 먼저 내면이 정화(淨化)되지 않고 만들어 내는 겉꾸밈에 지나지 않는 외모는 일시적으로는 가능해도 지속적으로 지닐 수 있는 덕(德)이 될 수는 없다고 생각하셨기 때문이다. 실제로 "하느님께 사로잡힌 자의 용모에는 빛이 난다"고 자주 언급하시면서 내면생활의 침묵이 수도자의 외모를 결정한다고 가르치신 분이었다. 여기서는 무엇보다도 태도에 있어서 "자연(自然)스럽게 하라"는 덕목(德目)을 말씀하시므로 부자연스럽고 너무 형식적인 예모를 위한 예모를 경계하신다는 점에 또한 유의할 필요가 있다. 동양적인 예모의 아름다움은 단정하고 정숙하게 다듬어진 마음에서 은근히 번져 나오면서도 결코 부자연스러운 깍듯함이나 경직된 예의 바름이 아닌 탓에 각별히 덧붙이신 수도자의 외적 침묵모습이라 하겠다.

네 번째, "양심불을 밝히라"고 말씀하심으로써 보다 역동적(力動的)인 내면의 성장을 암시하시는데, 영적 여정에 있어 특히 하느님을 뵙고 모시는 데 있어 상당히 중요한 면이라고 아주 많이 강조하시는 내용이다. 그분은 자주 양심은 우리 마음의 등불이며 영혼의 등불이라고 하시면서 양심을 잘 지키는 것이야말로 모든 덕(德)에로 나아가는 첩경이라고 가르치신다. 이 문(門)을 통과하지 못하면 우리의 수고가 모두 헛일이 되는 까닭이다. 특기할 것은 이 양심불을 밝혀 주는 기름이 바로 선(善), 착한 일이라고 보시는 것이다. 그래서 강론 중에 "양심불은 착한 일 할 때 켜진다" 또 선(善)이 중단되면 양심불이 꺼지며 덕(德)으로써 양심불의 촉수를 더욱 높일 수 있다고 하신다.

"양심은 우리를 비추는 불이다. 이 불은 착한 일을 할 때 켜진다. 이 불이 환하면 좋겠다. 양심불의 촉수를 높이자. 이는 덕을 닦음으로 할 수 있다. 점점 밝아져서 하느님을 보게 된다. 이렇게 되어 하느님과 하나가 된다. 양심을 잘하면 버젓하고 잘못하면 숨기려 든다. 이 양심불을 밝히면 하느님을 보게 되는데 하느님은 사랑이기 때문에 자꾸 사랑이 일어난다. (이렇게) 하느님을 공경하는 이는 개인이나 단체나 잘 산다. 사욕(邪慾)으로 흐르지 않아서다). 이 양심불은 악(惡)에는 꺼지고, 덕(德)으로 켜지고, 수도생활로 점점 밝아져서 (하느님과) 점점 친해지고 점점 좋아진다"(강론 63. 1. 13.)[11]).

<u>다섯 째 계명</u>은 "자유(自由)를 천주께 바치고 그 성의(聖意)를 따른다"인데, 영혼은 진리의 근본이신 천주를 알게 하는 의지(意志)를 가지며 의지의 동작은 자유(自由)인데 자유(自由)는 무엇보다도 선택하는 능력이다. 그런데 우리가 지닌 자유는 언제나 하느님께서 바라고 원하시는 것만을 선택하지 않기에 문제가 된다. 때문에 참된 자유가 무엇인지에 대해 자주 언급하신다. "자유는 선택하는 힘으로서 선(善)을 택함으로 덕(德)을 쌓게 되고 덕을 익힘으로 사랑을 하게 되므로 영생영복을 얻는다"(단 101), "참된 자유는 맘대로 하는 것이 아니라 양심이 꺼리는 것을 하지 않은 것이니, 본성이 요구하는 대로 맘대로 하는 것은 병든 자유로서, 그 자유의 불가침성은 약화되어 뉘우침이 없으면 멸망되어 화(禍)가 그지없고 세상은 고해(苦海)가 되며 모든 비극이 (거기서) 유래한다"(단 151).

때문에 양심불을 밝히는 일이 먼저 나오고 그 밝은 양심이 기준

---

11) "자연계에서는 내가 나를 아는 것만큼 다른 사람은 그 누구도 나를 모른다. 다른 사람에게는 내 양심을 속일 수 있어도 나와 하느님 앞에서는 내 양심을 속일 수 없다. 양심은 나를 알고 계시는 지식의 한 부분이다. 이 지식은 내가 나를 아는 지식의 몇만 분의 일밖에 안 된다. 그러나 어떻게 하느님을 속일 수 있겠는가? 하느님이 빤히 보고 계신 양심을 거느리면 탈선하는 것이며 죄가 된다. 그래서 결국 양심 거스른 이는 하느님을 거역하는 것이 된다"(강론 63. 5. 18.).

이 되어 옳은 것, 착한 것, 좋은 것을 택할 수 있을 때라야 자유의
지는 바르게 사용되며, 우리를 선과 덕으로 이끌 수 있지만, 그 반
대의 경우에는 자유가 병들게 되어 선을 선택할 수 있는 힘을 상실
하며 그렇게 마비된 능력은 멸망으로 우리를 이끈다는 것이다.

그러므로 우리에게 가장 귀한 자유를 바로 하느님께 바쳐서 아예
잘못 선택할 가능성을 배제하고 온전히 하느님의 뜻에 순종하게 하
라는 것이다. 우리가 바친 자유는 더욱 완전한 자유가 되어 우리에
게 주어지는데,[12] 이는 결국 우리의 자유야말로 가장 소중한 권리로
서 하느님께서 가장 즐겨 받으시는 제물이기 때문이라는 것이다.

지금까지 완덕오계(完德五誡)를 살펴보았는데, 무아 방 신부님은
이 완덕오계(完德五誡)에 대해 아주 재미있는 말씀을 하신다. "기계
가 하나 있어서 그 기계에 하느님의 용모와 마음이 박혀 있어서 그
기계에 찍어내고 하느님의 마음과 얼굴과 태도가 된다면 얼마나 좋
을까! 그것이 우리 생활 규칙인데 즉 완덕오계(完德五誡)다. 이 완덕
오계(完德五誡)에 하느님의 마음과 뜻, 정신, 용모와 말씀이 모두 새
겨있다. 고로 이 완덕오계(完德五誡)를 (잘) 지니면서 실천하면 우리
가 그분을 닮는 제일 좋은 길이다."[13] 그러므로 날마다 틈이 날 때

12) "하느님은 아브라함에게 이사악을 받으시고 많은 은혜 주셨다. 우리가 자유
바치면 그냥 계시지 않고 말 할 수 없이 기쁘게 많이 갚아 주시는 것이다.
아브라함이 자기 아들을 죽이려고 할 때 죽이지 못하게 하셨다. 우리 자유
도 당신이 받으시고 우리 마음대로 자유 못쓰게 하신다. 당신이 자유를 받
으셨기 때문이다. ……하느님께서 선을 하기위해 양심을 박아 주시고 자유로
써 날게 하시고 더 높은 곳으로 자유롭게 나아가게 하셨다"(단 266), "주께
서 '네 마음을 내게 다오' 하신 것은 즉 자유를 달라고 하신 것이다. 하느
님께서 무엇이 부족해서 우리 자유를 빼앗으려고 하겠는가? 아니다. 이 자
유를 재창조하셔서 거룩하게 하시고 생활케 하시고 강복하셔서 우리에게
주실 것이다. 그래서 수도자들은 자신의 자유를 복음적 권고에 따라서 바치
는 것이다. 즉 순명허원을 하는 것이고 순명허원을 실행하면 재창조된 자유
를 가지고 어느 곳에서 무엇을 하든지 항상 복되게 사는 것이다"(단 267).
13) 『영혼의 빛』 용어 부록 해설 629쪽(강론 63. 8. 15. "완덕오계는 우리의 틀
이다" 참조).

마다 이 완덕오계를 거울처럼 들여다보아야 한다고 덧붙이신다.

2) 대월(對越) 오단계(五段階)의 삶

이 대월생활은 무엇보다도 하느님의 현존 속에서 사랑의 신비를 살게 한다. 그래서 무아 방 신부님은 『영혼의 빛』여기저기에서 곧 잘 관상생활(觀想生活)과 같은 의미로 이 용어를 쓰기도 하신다. 사랑 안에서 진정한 하느님과의 만남, 충만한 그분의 실재 속에 영혼이 녹아드는 것과 같은 체험이 바로 관상(觀想)을 통해 주어진다는 점에서, 둘은 하나라고도 할 수 있다. 그러나 전통적인 영성신학에서 관상(觀想)이 활동과는 반대적인 의미로 기도의 체험, 기도의 삶에 적용되는 용어라면, 대월생활(對越生活)은 하느님의 사랑에 자신을 통째 내어 맡긴 영혼이 지상의 모든 상징들을 뛰어넘어 직접적으로 그분의 순수한 참 실체(實體)를 응시함으로써, 영혼에게 있어 이제 무엇도 그분을 사랑하는 일 이외에 중요한 것이 없어지고, 그 사랑의 불길 속에 삶 전체를 태워 바치려 노력하는 것을 말한다. 때문에 '대월기도'라든가 '대월자세' 등의 말로 한정하여서는 잘 쓸 수 없는 말이 바로 대월(對越)이라 하겠다.

결국 대월생활은 사랑이 갖는 속성 그대로 사랑하는 대상과 하나 되기 위해 최선을 다하는 삶이요, 한순간도 그 대상과 떨어져 있으려고 하지 않는 삶이다. 곧 영혼은 매 순간 어디에 있든지 인간적인 모든 것을 뛰어넘어가 하느님 그분만을 생각하고 그분이 좋아하시는 것만을 하려고 안간힘을 쓰게 된다. "사랑은 사랑하는 자가 싫어하는 것을 하지 않고 좋아하는 것만을 해주며 위하여 줌으로 하나가 된다"(단 235), "참사랑은 한마음이다"(단 194).

이런 사랑의 원리에 입각해서 만들어진 것이 대월오단계이고 이로써 영혼들은 이제 보다 구체적으로 대월생활을 수련할 수 있게 되었다. 그런데 이 대월오단계의 복음적(福音的) 근거(根據)를 우리는 요한복음(8, 28-29와 12, 49-50)에서 찾을 수 있으니, 예수님께서 생전에 하느님아버지와 한마음으로 일치해 사셨음을 말하는 내용이다. 그러므로 이 세상에서 사랑으로 하느님아버지와 일치해 사는 모든 영혼도 예수님과 똑같이 생각하고 말하고 행동해야 한다는 생각에서 신부님께서는 특별히 오단계의 대월생활로 체계화하면서 그 구성을 세 가지 원칙①②③과 두 가지 효과④⑤로 하고 있다.

① 내 자작(自作)으로 아무 것도 아니 한다.
② 나는 아버지께서 가르쳐 주신 것만 말하고 행한다.
③ 나는 아버지께서 좋아하시는 바를 항상 해 드린다.
④ 나를 보내신 아버지께서는 항상 나를 혼자 내버려 두지 않으신다.
⑤ 내가 하는 모든 일은 아버지께서 친히 하신다.

결국 하느님아버지의 본질이 무한한 사랑 이외 아무것도 아님을 가장 잘 깨달아 안 아들 예수 이상으로 또 순수한 사랑으로 응답할 줄 아는 이가 없기에 아들과 아버지가 사랑 속에 일치한 요한복음서의 내용으로 사랑의 삶을 정의한 것이 바로 이 대월오단계의 삶이라 하겠다.
한편 이 대월의 삶과 관련하여 생각해 보아야 할 것은, 무아 방 신부님께서는 대월이란 말을 따로 독립해서 쓰기보다는 아주 많은 경우에 늘 침묵과 함께 쓰셨다는 것이다. 마치 면형무아(麵形無我)라는 그분 영성의 정상에 오르기 위해 꼭 필요한 두 개의 날개처럼 침묵(沈默)·대월(對越)을 나란히 쓰신다. 아마도 그 이유는, 무엇보다도 강한 하느님체험, 곧 하느님의 현존(現存) 체험이나, 하느님의 무한한 사랑 속에 살고 있다는 신비체험이 없이는 영혼들에게 있어 자아의 죽음이요, 영적 순교에 해당하는 침묵수행을 제대로 할 수 없다고 생각했기 때문이리라. 위에서 지적한 대로 무아 방 신부님의 영성 안에서 발견하는 무수한 부정적인 용어와 방법들이 그만큼 철저하고 완전한 하느님 사랑에 대한 긍정위에 서 있다고 보면 쉽게 이해할 수 있다고 본다. 그분은 십자가에서 온갖 복과 사랑을 보시고, 죽음을 통해 진정한 삶을 확인하며, 고통과 어려움이 클수록 하느님의 사랑이 더욱 많이 느껴진다고 가르치신 분이 아니었던가.

때문에 침묵(沈默)·대월(對越)은 서로를 돕는다. 침묵수행이 깊어질수록 하느님에 대한 사랑이 커지는 반면 대월생활이 완전해질수록 침묵수행이 쉬워진다.

"침묵십계로 밝아져서 하느님을 알게 되고 느끼게 되지만 항상 시작이다. 왜? 하느님의 사랑은 무한하기 때문이다. 그러므로 침묵하면 하는 대로 무한으로 향하여 들어가게 되는 것이다. 본성을 벗어나는 대로 이 무한한 사랑을 느끼게 되는 것이다"(강론 59. 8. 26. - Ⅰ), "대월은 하느님과 내가 환히 통하는 것이다. 우리가 팔을 벌리고 가슴을 헤침(대월자세)은 우리 영혼을 진찰해 보는 때다. 내가 지금 하느님과 통하고 있는지. ……만약 안 통하면 고쳐야 한다. 통회 정개 보속으로는 못 고칠 병이 없다. ……나는 괴롭더라도 온전한 마음으로 하느님을 위해 드리자"(강론 63. 8. 17.).

또 다르게 말하면 침묵이 곧 대월이요, 대월이 침묵이기도 하다. 완덕을 지향하고 하느님과의 합일을 목표로 하는 수도생활에서 둘은 결코 떨어질 수 없는 하나인 까닭이다.

"우리 수도생활은 침묵(沈默)·대월(對越)입니다. 침묵으로 빛을 발하게 되는 것이요, 침묵을 훈련할수록 빛이 많이 옵니다. 이 빛이 많이 올수록 하느님을 많이 알아 하느님께서 원하시는 것만 해 드리게 됩니다. 이렇게 되어 대월삼칙(오단계중의 ①②③)대로만 살게 되니 수도목적의 절정에 이르게 됩니다. '나'라는 것이 남아 있으면 안 되며 무아(無我)는 침묵(沈默)·대월(對越)이요, 성녀가 되는 길이며 수도생활인 것입니다. ……사욕(邪慾)은 침묵대월의 빛으로 태워 버려야 하는 것입니다"(강론 59. 7. 19.), "성인성녀 되신 분들은 누구나 침묵대월의 길을 통해서 간 이들입니다. 하느님은 우리만 생각하시고 우리만 위해 일하시며 끓고, 타시면서 우리를 잊어버리려 해도 잊을 수가 없을 만큼 우리를 생각하시고 걱정하십니다. 우리가 침묵대월하면 하느님의 사랑을 확실히 느끼게 됩니다"(강론 59. 8. 26. - Ⅱ).

이제 침묵(沈默)·대월(對越)하는 영혼은 신비세계에서 살게 되는데, 이는 십자가의 비결과 전화위복의 지혜로써 알아보는 예수님의 겸손을 그대로 본받아 살기 때문에 가능하다는 것이다. 이때 영혼은 보잘것없는 일과 범상한 세상 속에 살아가면서도 초자연적인 삶의 기쁨과 행복을 느끼게 된다고 무아 방 신부님은 말씀하신다.

"침묵대월하는 정도대로 길이 열리며 하느님을 뵈올 수 있는 길이며 가장 가까운 길입니다. 이것은 자연의 힘으로 배우는 것이 아니라 초자연한 자가 배우는 공부입니다. 예수님께서 겸손에 대한 말씀을 여러 번 하셨습니다. 침묵대월하는 영혼은 지극히 미소하고 범상하고 비천한 일에 재창조하시고 거룩하게 하시고 생활케 하시고 강복하시고 계심을 알아들을 수 있는 것입니다. 주님께서 나를 다스리시니 내게 부족할 것이 없고 세상 사람들이 다 싫어하는 것에 강복하시니, 예수님 가신 이 겸손의 길을 따르려고 수도자는 먼지같이 살려고 청빈허원을 하며 겸손하게 살려고 순명허원을 합니다"(강론 60. 3. 13.).

나아가 침묵대월을 하는 정도대로 하느님과 인간의 관계가 달라지고 깊어지는데, 일치하면 성령이 오셔서 그의 영혼이 되어 하느님이 누리는 복을 함께 누리게 해 주기 때문에 비상한 용기로 어떤 어려움 속에서도 악(惡)을 물리치고 선(善)을 택할 수 있는 자유를 누린다고 확신 속에 가르치신다. 그리고 이것이 바로 덕(德)에 나아가는 삶이라고 하신다.

"침묵대월이 우리의 가는 길인데 이 침묵대월에 따라서 하느님과 나
와의 관계가 달라집니다. (침묵대월로 인해 영적인 단계가 아주) 높아
진 영혼은 인(人), 사(事), 물(物)을 통하여 하느님을 뵙고 비천한 데
서 하느님을 찾게 됩니다. 일치하면 성령이 오시는데 성령이 오시면 내
영혼 노릇을 하신다고 신비신학에서 말합니다. 이제는 영혼 육신으로
이루어진 것이 아니라 예수님까지 삼요소를 이루어 주신 것입니다. 이
제는 하느님의 기쁨과 사랑이 나의 기쁨과 사랑이 되어 넘쳐흐릅니다.
하느님 사랑 때문에 청빈을 허원함으로 세복을 끊어 버리고 육정쾌락
을 끊음으로 성령의 쾌락이 넘쳐흐릅니다. 이렇게 하느님과 친해진 영
혼에게는 무미건조와 암야가 없으며 어려운 일 당하면 비상한 용기가
일어납니다. 하느님 위하여 자기 자유까지 끊고 복종했기 때문에 이 자
유를 하느님은 축복해 주시니 악을 모르고 선만 행하는 자유를 가지게
되는 것입니다. 성령이 내 영혼 노릇을 하고 있고 빈틈없이 모시고 다
니고 조배하며 노력하는 것, 이렇게 전심전력함으로써 우리는 덕으로
나아가게 되겠습니다"(강론 3. 27.).

그렇다. 관상(觀想)으로 대월생활로 자신을 온전히 우리에게 내어
주시는 하느님을 만나고, 나 또한 온전히 그분께 내어 맡기게 되면,
이 세상에 속한 모든 것은 하찮은 것이 되고 아무것도 아니게 되니,
실은 그 어떤 것도 하느님을 사랑하는 일이 아니면 영혼은 움직이지
않는 까닭이요, 하느님을 사랑하기 위해서만 그 모든 일을 하는 까
닭이다. 이것이 바로 대월생활의 진수(眞髓)요, 사랑의 신비(神秘)다.

3) 점성정신(點性精神)

이 말은 앞에서 설명했듯이 무아 방 신부님의 창작어라고 할 수
있다. 비교적 생애 말기에 사용하시기 시작하는데 면형(麵形)에 계신
주님의 비허(卑虛)를 제대로 알아듣고, 그 길을 따르기 위해서는 일
상(日常)에서 무(無)의 신비(神秘)를 살아가야 하는데 이를 보다 쉽

게 설명하려고 고심(苦心)하시던 끝에 생각해 내신 말이라 할 수 있
다. 그렇다 해도 그처럼 단순(單純)하고 물리적(物理的)인 한 점(點)
이 지닌 자연스러운 성질에서 그토록 심오한 영성적인 고찰을 이끌
어 내실 수 있음이 그저 놀랍고 신기하다 하겠다.

(1) 점(點)이 상징하는 무(無)의 신비(神秘)

**우선 점(點)이 상징하는 것은 존재하되, 눈에 잘 뜨이지 않는 방식
으로 봉사하는 삶이다.** 그러면서도 이 점(點)의 위대함은 그렇듯 작
은 존재로서 천지만물의 기원이 되고 또 만물을 완성하는 데 없어서
는 안 되는 마지막 요소라는 것이다. 때문에 점(點)같이 작은 것, 보
잘것없는 것이 한없이 중요하고 소중한 가치를 지닌다는 것이다.

> "우리는 점과 같이 남에게 보이지 않게, 드러나지 않게 해야겠다. 가
> 치 있게 살려면 자기(自己)를 드러내지 말아야 된다. 이와 같이 점성적
> (點性的)이 되자. 점 하나가 천지만물의 기원이니 실은 점 하나도 무시
> 할 수는 없다. 점을 무시하면 아무 것도 안 된다. 하느님 성교회를 통
> 해서 수도회를 세우시고 우리에게 이 점성정신을 가르쳐 주셨다. 얼마
> 나 하느님을 사랑하나 빈틈없이 사랑하는구나 하고 갚아 주신다"(강론
> 70. 3. 1.), "점에서 천지만물이 나왔으니 점을 중대시해야 한다. 나는
> 보잘 것 없는 존재다. 보이지도 않는 점을 닮자"(강론 73. 8. 19).

이제 방 신부님께서는 예수님의 자기 비움과 이를 허락하신 하느
님의 자기 비움을 동시에 무아(無我)로 그리고 점(點)으로 보셔서 직
접적으로 "예수 점(點)이시다", "천주 점(點)이시다"라고 표현하신다.
바로 예수님의 일생이 도무지 자기(自己)를 내세우지 않을 뿐 아니
라 자기(自己)가 없이 사셨다는 특성이 그대로 점(點)과 같다고 보시
는 까닭이다. 그러므로 우리가 이 점(點)의 거룩한 본성(本性) 지극
한 겸손(謙遜)을 따라 살 때 바로 면형에 계신 주님을 만날 수 있다

고 보증하시는 것이다. 때문에 점성정신(點性精神)은 하느님을 모시고 하느님 나라를 건설하고, 마침내 성인(聖人)을 만들어 낸다고 말씀하신다.

　　"점(點)은 적은 것이다. 천주 점(點)이시다. 그래서 우리도 점(點)을 따름이다. 예수 바로 점(點)이시다. '내가 한 점, 한 획이라도 완전하게 하러 왔다'고 하셨다. ……하느님 바로 점(點)이시다. 점(點)이신 하느님을 따라 가자. 하느님을 왜 점이라고 하나? 당신이 그러셨다. '나는 시작이요, 마침이다.' 고로 점처럼 시작하시고 점처럼 마치셨다는 말이다"(강론 76. 1. 8.), "점(點)은 무아(無我)다. 하느님은 무화(無化)하시어 비천하게 되어 물처럼 내려가셨다. 예수님은 가난하게 내려오셨다. 부리러 오시지 않고 봉사하러 왔다고 하셨다. 우리는 도무지 드러내지 말자. 그분은 무(無)가 좋으시어 무(無)로 가셨다. 즉 면형(麵形)으로 가셨다. 우리는 성자를 따라 나섰으니 그분 따라 무(無)로 가고 면형(麵形)으로 가자. 어떻게 해야 무(無)로 가나? 점이 보이지 않으니까 우리는 이 점을 본떠야 한다. 점(點)을 닮아야 하니 점(點) 같은 것을 무시하지 말자. ……점성정신(點性精神)은 하느님을 모시고 하느님 나라를 건설한다. 점은 천지만물을 내고 점성정신은 성인을 낸다"(강론 73. 8. 19.).

　결국 점(點)이 하느님을 닮았기에 적지만 무한의 힘을 지녔고, 모든 것을 시작하고 또 완성할 수 있는 능력을 지녔다고 보니, 완전한 겸손과 자기 비움이 이루어 내는 전능(全能)이요, 기적이라 하겠다. 면형(麵形)의 신비, 무아(無我)의 덕(德)이 바로 그런 것 아닌가? 그러고 보면 점이 중요한 이유는 면형이 중요한 까닭이요, 무아가 그지없이 소중한 까닭이라 하겠다. 그래서 이제 왜 하필이면 점(點)을 이야기하는지 그 이유를 설명하면서 면형과 무의 철학이 전개된다. "완덕의 절정은 면형, 모든 교리의 중심센터(Center)다. 점을 닮아서 점처럼 살겠다는 사람이 면형을 무시한다면 모순이다. 아주 무로 가야 한다. 하느님은 우리로 하여금 보고, 느끼고, 닮으라고 이 세상에 내려오신 것이다. 당신을 텅 비우시고 자꾸 내려가셨다. 무(無)로 가야 한다는 것을 보여 주시려고. 이것이 무아(無我)다. 무아(無我)에 하느님의 나라가 건설된다고 외친다"(강론 73. 8. 25.).

(2) 점성정신(點性精神)과 침묵(沈默)·대월(對越)의 관계

한 가지 유의할 것은 침묵(沈默)·대월(對越)의 길을 가는 영혼이라야 이 점(點)의 영성(靈性), 무(無)의 철학을 제대로 알아들을 수 있는 한편 점성정신(點性精神)이 있어야 또한 침묵의 여정(旅程) 그 비움의 길을 철저하게 걸을 수 있다고 하신다.

"침묵해서 사욕(邪慾)을 무찌른 영혼은 대월(對越)로 이것을 (점성정신(點性精神)이 무(無)에 계신 주님을 보게 하여 무아(無我)의 길을 걷게 만들고 마침내 성인(聖人)을 낸다는 것) 깨달았다"(강론 73. 8. 25.), "점성정신(點性精神)이 있어야 침묵을 하게 된다. '제 자신을 억제하고 네 십자가를 지고 나를 따라 오너라' 하셨다. 침묵은 빛이다. 예수님은 '나는 세상의 빛이다' 하셨다. ……하느님으로 넉넉하다. 필요한 것 외에는 없애라. 그러니까 무(無)로 가야 하는 것을 알아들을 수 있다. 내려가시고 내려가시어 물과 같이 내려가셨다. 무(無)로 가서 면형(麵形)이 되셨다. 면형(麵形)은 무(無)다. 만물은 실체(實體)다"(강론 75. 5. 11.).

그렇다면 점성정신(點性精神), 침묵(沈默)·대월(對越)이 한 영혼 안에서 각기 따로 떨어져서 어떤 단계를 이룬다기보다는, 거의 동시적으로 서로에게 영향을 주면서 또 서로가 심화(深化)되도록 자극함으로써, 영혼으로 하여금 보다 깊은 하느님체험, 영적 비움의 신비를 살게 한다고 볼 수 있다. 다만 점성정신(點性精神)은 천지만물의 시작이 된다는 그 특성 때문에 침묵(沈默)·대월(對越)보다는 영적 여정의 출발에 보다 적절한 단계로 보는 것일 뿐, 실은 시작부터 마침까지 매 순간 이 셋은 어느 것 하나도 영적 순교의 길, 자기 비움의

신비를 터득하고 사는 데 있어 결코 빠질 수 없는 정신들이요, 수행
내용들인 것이다.

(3) 일상(日常)을 성화하는 점성정신(點性精神)

점(點)이 중요하고 무(無)가 중요한 것은 바로 지극히 미소하고 비
천한 곳을 즐겨 찾으시며, 십자가의 길과 자기 비움의 신비를 통해
창조적으로 일하시고 역동적으로 완성해 가시는 하느님과 예수님의
구원역사 때문이다. 이렇듯 숨어 계신 주님의 신비를 우리 삶의 한
가운데서 알아보고 모시기 위해서는 일상(日常)에서 만나는 모든 비
천한 것, 모욕적인 것, 평범한 작은 일에 정성을 다하되 반드시 하
느님을 사랑하는 마음으로 하라는 것이다.

그리고 그런 삶을 위해서 무아 방 신부님께서는 점의 특성을 또
다른 측면에서 상세히 해설하시면서, 거기서부터 실생활에 참으로
필요한 세 가지 차원의 점성정신(點性精神)으로 체계화한 '점(點)의
영성(靈性)'을 이끌어 내신다. 곧 일반 사회인들이 보다 잘살기 위한
점성정신(點性精神)이 그 첫 번째요, 모든 그리스도교인들이 보다
더 완전하게 하느님을 섬기기 위한 신덕(信德)으로 본 점성정신(點
性精神)이 두 번째요, 끝으로 모든 수도자들의 영적 순교를 위한 신
비적(神秘的) 점성정신(點性精神)이 그 세 번째다.

먼저, 社會的으로, 一般的으로 본 點性精神은 성의 노력으로 정성
스럽게 하며, 규모 있게, 빈틈없이 하며, 알뜰한 마음(시간, 사람, 경제
적인 면 모두 아끼는) 이 네 가지는 잘살기 위해서 사회적으로도 꼭
필요한 정신이라고 말씀하시면서[14] 알뜰한 마음은 만사에 정성스럽게
하는 것이며 이는 성공하는 비결이니, 매사에 규모 있고 세밀하고 정
밀하고 치밀하게 하며 빈틈없이 할 때 성공한다고 덧붙이신다.[15]

---

14) 강론 71. 1. 3. 참조.
15) 강론 72. 6. 18. 참조.

"이 세상에서 잘사는 길을 가르치셨으니, 점성정신 곧 알뜰하게 한다는 것은 첫째, 정성스럽게 하는 것으로 至誠이면 感天이라고 하늘이 감동합니다. 둘째, 규모답게 한다는 것은 무엇을 시키면 서툴지 않고 남의 마음에 들게 합니다. 셋째, 빈틈없이 나무랄 데가 없어야 합니다. 넷째, 아낌성 있게 살아갑니다. 이 네 가지에 철저한 사람이라면 모든 곳에서 환영합니다. 요셉이 에집트대신의 집에 있을 때 이렇게 사셨으며 모든 사람이 이러한 사람을 원합니다. 바로 이것이 잘사는 길입니다"(강론 71. 5. 2.).

다음으로 信德으로 본 點性精神은 "미소한데 충실하였으니(루까 16, 10, 19,17, 마태 25,21, 23), 네 주인의 즐거움에 들어오라. 겨자씨만 한 신덕이 있으면 산을 움직인다"는 성서를 근거로 해설하며[16] 바로 이런 신덕으로 살면, 잘 때에도 강복을 받으며 하느님 눈에 들게 된다고 말씀하신다.[17] 그분을 기쁘게 해 드리는 것은 작은 일에, 자기의 본분에 충실하면 된다. 즉 양심불을 밝히면 남이 보지 않는 곳에서도 충실하게 할 수 있으니[18] 신덕으로 본 점성정신은 바로 성인(聖人) 되는 길이며 하느님께서 원하시고 강복하시는 삶이 된다.[19] 그러므로 "우리의 신덕은 겨자씨 같아야 하고 물과 같아야 하고 점성(點性)에 이르러 점(點)과 같아야 합니다. 남에게 드러내지 않고 하느님만 알게 하는 신덕, 더 나아가서 면형이 우리의 마지막 목표입니다. 하느님을 모실 진정한 마음이 있다면 면형이 됩시다"(강론 70. 9. 20.).

마지막으로, 修道精神으로 본 神秘的 點性精神은 "하느님이 가장 기뻐하시는 자기의 마음을 드리는 것이다. 즉 온전한 마음과 온

---

16) 강론 71. 1. 3. 참조.
17) 강론 71. 6. 13. 참조.
18) 강론 72. 6. 18. 참조. 이 내용은 유교사상에서 愼獨을 연상케 한다. 『中庸』 1장과 『大學』 6장에서 君子는 必愼其獨也라 하여, 군자는 반드시 그 홀로 있음을 삼간다는 뜻으로 대단히 중요한 덕목이다.
19) 강론 71. 8. 18. 참조.

전한 정신을 드림이다. 즉 예수님은 자신을 텅 비우시고 내리고 내려가서 무(無)로 가시어 면형까지 되시어 자신을 제물로써 누룩 없는 빵이 되셨다. 우리도 사욕(邪慾) 없는 마음으로 무아(無我)가 되어 드림을 뜻한다. 먼지 같은 일까지도, 매순간까지 바침으로 온전한 마음의 흠숭예물를 드린다. 우리의 자유를 완전 봉헌하며 양심불을 더욱 밝히면서 사욕 없는 무아의 마음을 드림이다"(강론 72. 6. 18.), "계속 내려가 땅속까지 내려가서 無까지 갑시다. 無는 바로 麵形입니다. 이 無에 하늘빛이 비치고 天國이 내려오며 그 나라가 임하십니다"(강론 71. 1. 3.).

결론적으로 점성정신(點性精神)으로 산다는 것은 일상을 빈틈없이 철저하게 하느님 사랑의 시간과 공간으로 변화시키면서 사는 삶이요, 수도생활의 공간을 온 세상으로 확대하는 영성(靈性)이라 하겠다. "점성정신의 실천방법은 사람들이 알아주지 않고 드러나지 않는 비천하고 작고 평범한 일을 예수 그리스도를 사랑하는 마음으로 충실하게, 빈틈없이, 정확하고 알뜰하게 하는 것이며 이것을 무시하는 수도자는 낙오자이다"(단 47).

그러므로 점성정신은 "하느님께로 가는 길이며, 이 세상에서도 잘 사는 길이나 점성정신보다 더 작은 것도 없고 더 큰 것도 없다. 이 정신은 철학을 초월하는 천상신비 철학이다. 즉 지극히 미소한 데 하찮은 것에 정성을 다하는 것이다"(단 245).

마치 禪佛敎에서 한번의 見性이 진정한 自我에 눈뜨게 한다면, 계속적인 慈悲行과 철저하고 성실한 修德生活을 통해서 그 깨달음의 열매를 거두어야 하는 것처럼 점성정신(點性精神)으로 매사에 깨어 살고 하느님의 현존을 의식하며 정성을 다하는 삶이야말로 면형무아(麵形無我)의 신비적 삶의 진수(眞髓)를 보다 지속적으로 맛볼 수 있을 뿐 아니라 心中天國을 누릴 수 있다는 것이다. 때문에 점성생활은 하늘과 땅을 빈틈없이 이어 주는 삶의 지혜인 동시에 平常

心是道의 구체적 실천이라고 할 수 있다.

> "이상과 같은 세 가지의 점성정신이 내 정신이 된다면 항상 심중에 평화를 누리며 그 정신이 자라서 하느님 대전에 아름답게 꽃피워져서 마음속에 하느님의 居所, 천국을 보존할 것이다. 즉 우리는 애써 가면서 천국건설을 지상에서부터 하여야 한다. 또한 점성에 대한 지식이 훈련이 되면 깊고, 높고, 넓게 알아진다. 이것이 내가 되는 것이다. 우리가 배운 지식이 소화되면 지성이 된다. 점은 보이지 않아도 모든 도형의 요소다. 일차원, 이차원, 삼차원, 즉 길이, 넓이, 높이, 깊이가 나왔다. 모든 자연도 이 세 차원으로 구성되었다. 진실한 신비 즉 수도정신으로 본 신비는 허무(虛無)에서 빛이 나고 만물이 생기더니 우리가 점성정신으로 살 때 거기서 침묵(邪慾에 대한 침묵)의 의미를 깨닫게 되었고 침묵에서 대월생활인 관상으로 통하여 무사무욕무아(無邪無慾無我)에 가서 면형에까지 내려가면 거기서 하느님을 만나 황홀경에서 그분과 일치하는 것이다"(강론 72. 6. 18.).

5. 면형무아(麵形無我)의 영성은
오늘 한국교회가 걸어야 할 순교(殉教)의 길

세계교회의 눈에 비치는 한국교회만이 갖는 특수현상, 곧 '자생적(自生的)인 교회(敎會)'라는 이미지는 오늘날 보이고 있는 외적 성장과 활발한 선교활동 등으로 인해 여전히 긍정적이고 부럽기까지 한 평가를 얻어 내고 있다고 볼 수 있다. 실제로 계속해서 늘어나는 사제 지망자와 수도자 지망자들, 이어지는 본당건립과 새 영세자들, 지속적인 입교자들의 소식 등은 서구교회의 부러움을 사기도 한다.

그러나 다른 한편 한국교회를 냉정하고 객관적인 눈으로 바라보는 비판적인 시각 또한 없지 않다. 우선 지적할 수 있는 것은 자발적인 신앙의 수용과 삶으로 증거하며 살던 초대교회 신자들에게서는 그리도 자연스럽게 이루어졌던 복음의 토착화가 오히려 안정되고 외적으로 성장해 가던 시기에는 거의 이루어지지 않았다고 보는 것이 전반적인 견해라 하겠다. 더욱이 영적인 변화 없이 급격하게 외적으로만 성장한 근대교회로부터 오늘까지 늘어나고 있는 성직자와 수도자들이 그 숫자만큼 알차고 열정적으로 살고 있지 않는 모습은 새 입교자들만큼이나 늘어나는 냉담자들과 복음이 삶에 뿌리내린 신앙생활이 아니라 기복신앙위주의 신심활동들에 만족하다가 이내 민족주의를 표방하거나 또 다른 기복신앙 일변도의 신흥종교들에 흡수되어 떠나가는 냉담 신자들의 삶과 맞물려 있는 상태라 할 수 있다. 최근에는 서구교회가 개발하는 모든 교육 프로그램들과 운동들이 마치 한 차례씩 유행하는 바람처럼 지나가는 오늘날의 한국교회의 모습은 좀 더 냉정하고 객관적인 시각으로 반성해 볼 필요가 있다고 생각한다.

그래서 겉으로는 많은 다양한 움직임이 있고 또 활력 있어 보이는 오늘날의 한국교회임에도 불구하고, 실은 그 옛날 '자생적이었던 교회'가 지녔던 창의성도, 죽음의 현실을 사랑과 지혜로 넘어가던 신앙의 역동성도 없는 생기 없는 전례로 주일미사의 명맥을 유지하는가 하면, 본당사제의 권위를 중심으로 펼쳐지는 사목활동은 거대하고 과시적인 행사위주일 때가 많다. 물론 대형화된 본당경영이 몇몇 교구에서는 피할 수 없는 문제로 여겨지고 있다 하더라도, 영적으로 알차게 복음을 실생활에 뿌리내릴 수 있게 하는 참된 사목자도 사목방법도 아쉬운 현실인 것만은 틀림없다고 하겠다.

교회내부의 모습이 이럴진대 교회 밖에서 세상을 향한 구원의 성사로서의 표지역할에 대해서는 말할 필요가 없다. 전반적으로 긍정적이지 않은 게 오늘 우리의 현실이다. 과연 상당수의 신자를 가지고 있는 한국교회가 이 시대의 한국사회가 지닌 어둠을 끌어안고 그를 밝혀 줄 불멸의 빛과 진리를 제시하면서 한민족을 선도할 만한 적극적이고 참된 가치를 드러내고 있다고 말할 수 있겠는가?

　때문에 변화(變化)를 요구하는 오늘날의 한국교회가 아닌가 생각된다. 요구되는 변화의 크고 작은 것과는 상관없이 모든 변화(變化)는 한 차례의 죽음을 요구한다. 변화가 보다 급진적이고 근본적인 것일 때는 더욱 큰 죽음을 요구한다. 때문에 죽음을 각오하는 변화를 기꺼이 수락하는 데는 무엇보다 자발적인 의지가 필요하다. 그런데 이러한 자발성(自發性)은 스스로에 대해 정확한 진단을 내릴 수 있고, 또 현실에 대한 모든 착각과 과대망상적인 판단을 제거할 수 있을 때라야 가질 수 있는 특성이라고 할 수 있다.

　그렇다면 오늘 한국교회의 삶을 지금까지 고찰해 온 면형무아로 구체화된 순교영성으로 조망(眺望)해 보는 일을 통해 우리는 두 가지의 목적, 곧 오늘 한국교회의 삶을 진단할 뿐 아니라 동시에 제삼천년기를 향해 그 여정을 시작한 교회의 내일이 어떠해야 하는가도 전망해 볼 수 있다고 하겠다.

1) 면형무아(麵形無我)로 구체화된 순교영성(殉敎靈性)의 특성

　우선 한국교회의 변화를 면형무아(麵形無我)로 구체화된 순교영성(殉敎靈性)으로 전망(展望)해 보기 전에, 먼저 이 영성(靈性)이 무아방 신부님의 생애와 가르침을 통해 체계화됨으로써 어떠한 특성을 가지게 되었는가를 요약할 필요가 있다고 본다.

(1) 사랑으로만 알아듣는 순교영성(殉敎靈性)

　인간에 대한 하느님의 사랑이 초대하는 신비스런 사랑의 오솔길에 들어선 그분이 체험한 영적 비상(靈的飛翔)은 인간생명이 갖는 엄청난 사랑의 능력을 철저하게 긍정하도록 이끌었다. 생의 시작부터 마지막까지 인간을 인간답게 만들어 가는 힘은 본래 하느님에 의해 지

음받는 순간부터 타고난 사랑이라고 확신하시면서 온갖 형태의 자기
부정, 자아의 죽음을 이야기하고 바로 이런 영적 순교의 길을 갈 수
있음이 바로 자신에 대한 하느님의 사랑을 믿기 때문이라고 계속해
서 말씀하신다. 그래서 그분은 어떤 현실적인 어려움과 문제 속에서
도 인간은 하느님을 사랑할 수 있다고 믿었고, 믿는 대로 사셨다.
신부님이 보시기에 한국의 모든 순교자들도 자신처럼 하느님의 사랑
을 알아들었고 또 사랑으로 응답했기에 고통과 죽음의 현실이 숨겨
둔 사랑의 보화를 기쁨으로 선택할 수 있었다고 보신다. "순교자들
은 사랑으로 끓고 타서 죽음도 두려워하지 않았다"(단 237), "사랑은
죽음의 죽음이요 애덕은 악마의 파멸이며 십자가상의 죽음은 삶이
다"(단 216), "사랑은 불가침이요, 전화위복이다. 수고도 죽음도 사랑
에는 없다"(단 215).

바로 여기에서 현실적인 모든 십자가가 담고 있는 하느님의 무한
한 사랑의 메시지를 곧바로 알아듣고 십자가의 비결을 사는 것이 오
늘 우리의 순교라고 말씀하시는 것이다. 그리고 이 사랑으로 알아듣
는 순교영성의 길에서는 무엇보다 초기 순교자들이 지니고 있던 저
중요한 특성인 자발성(自發性)이 그 중요한 힘을 지닌다. 사랑이야
말로 언제나 그 대상에게 자유로이 다가가고 또 자유로이 그 응답을
이끌어 내는 속성을 지녔기 때문이다.

(2) 현실을 남김없이 긍정하는 순교영성(殉敎靈性)

순교영성의 특성이 무엇인가를 말하는 사람들은 순교자들이 특히
내세에 희망을 둔 종말론적인 신앙을 가졌다고 표현하는데[20] 무아
방 신부님의 면형무아가 담고 있는 순교영성은 철저하게 현실긍정적
이라 할 수 있다. 고통과 괴로움을 없앨 수 있어서 좋은 게 아니라

---

20) 최석우 "한국교회 영성의 어제와 오늘", 한국사목연구소, <전례영성의 토착
화>. 사목연구총서5. 144쪽 참조.

오히려 고통과 괴로움이 있어 살 만한 곳이요, 사랑할 만한 세상이라고 무아 방 신부님은 말씀하신다. 때문에 인간과 이 세상을 아무 뜻 없이 창조하시지 않았고, 진정한 창조는 우리를 성화하시려는 성화사업이니, 여기에 우리는 협조만 하면 된다고 격려하신다. "하느님이 당신 사업에 있어서 당신 사람을 이 세상에 두셨다. 당신께로 데려 가려고 하시는 것이 당신 성업(聖業)의 목적인데 우리를 그냥 내버려 두시겠는가? 당신 뜻대로 해 드리려는 우리에게 전화위복으로 갚아 주신다"(단 238). 이를 또 다른 말로 우리의 천명(天命)이 바로 성화(聖化)라고 하신다. "천성(天性)은 천명(天命)이며 천성을 지닌 사람은 천명을 따른다. 죽음과 상선벌악(賞善罰惡)은 천명이다. 이 천명이 인간의 사명이며 천성이다. 이 천명(天命)이 우리의 성화(聖化)다"(단 152).

결국 오늘이라는 일상에서 영적인 죽음, 자기 비움의 길을 걷는 이유가 바로 지금, 여기에서 하느님 나라에 살고 있다는 확신과 평화, 행복과 기쁨을 맛보기 위한 것이다. 결코 내세에, 죽은 다음의 행복과 평화를 위해 지금 참고 견뎌야 한다는 것이 아니다. 지금 여기 고통의 한가운데서도 하느님을 사랑할 수 있고, 그 사랑하는 하느님을 위해 나를 희생할 수 있음이 바로 행복이라고 느낄 수 있어야 사랑의 순교(殉敎)가 되는 까닭이다.[21] 그러므로 피안(彼岸)에 희망을 두고 현실을 도피할 생각은 추호도 없다. 모든 고난과 십자가를 있는 그대로 맞닥뜨리고, 그리고 껴안고 입 맞추며, 신락(神樂)을 누리며 지고 가게 한다. 그리고 이런 행복은 천신들조차 부러워한다고 덧붙이신다. 세상 속에 사는 낙이 바로 천신들이 할 수 없는 사

---

21) "희생하는 비결이란 것은 몸에는 의식주요 지성에는 진리요 마음에는 사랑이니 사랑은 파란만장을 지나가고 죽음을 넘어간다. 신(神) 중 신(神)이신 주께서는 희생이니 이는 주께서 제일 좋아하시고 즐겨 흠향하시는 하늘 주님의 수라(水剌)이다"(단 170).

랑의 희생을 할 수 있기 때문이라는 것이다. 천신들은 하고 싶어도
육신을 갖지 못한 존재들이라 지금 우리가 현실적으로 육체적으로
정신적으로 희생하며 사랑하는 이 차원을 경험한다는 것은 불가능하
기 때문이다.

　이것이 다른 말로 일상에서 초자연적 신비계의 삶을 사는 것이요,
지금 여기에서 이미 부활의 은총 속에 사는 삶이며, 성령칠은의 왕
국에서 사는 삶이요, 심중천국(心中天國)의 삶인 것이다.

(3) 순교자 · 성인(聖人)들의 삶을 우리의 일상(日常) 한가운데로 가져온다

　어떤 특별한 몫을 하고 특별한 일을 하는 데 따라 성인(聖人)과
순교자(殉敎者)가 되는 것이 아니라, 그저 사노라 만나는 모든 인
(人) · 사(事) · 물(物) · 현상(現狀)에서 하느님의 뜻을 알아보고, 거기
서 요구되는 자아포기와 영적 비움의 길을 걸을 수 있으면 바로 순
교자 · 성인이 된다고 신부님께서는 말씀하신다. 곧 복음이 주는 기
쁨은 세상이 주는 그것과는 다르고, 복음적 가치관은 세상적인 가치
관과는 전혀 다른데 이것을 알아듣고 사는 것이 바로 순교자 · 성인
들이라는 것이다. 이는 다름이 아니라 바로 십자가의 비결과 전화위
복(轉禍爲福)의 지혜를 사는 것이다. 그래서 그분의 강론 중에는 언
제나 극기(克己), 자제(自制), 침묵(沈默), 무아(無我), 희생(犧牲), 십
자가(十字架), 죽음, 순교(殉敎)가 일상적(日常的)인 용어(用語)로 쓰
일 뿐 아니라, 항상 사랑이라는 말과 함께 쓰인다. "천주님의 참사랑
은 어려운 일, 고통, 십자가를 통해 오는 것이며 이 모든 것을 전화
위복(轉禍爲福)시킨다"(단 52). 그저 그 모든 것이 하느님을 사랑하
는 표현에 지나지 않는 까닭이다. 순교자 · 성인들의 삶이 바로 그러
했던 것처럼.

(4) 진정한 복음의 토착화(土着化)로 증거의 삶을 살게 하는 순교영성

면형무아(麵形無我)로 구체화된 순교영성은 모든 한국의 그리스도 인으로 하여금 세상의 아름다움과는 전혀 다른 아름다움을 지닌 복음의 지혜를 재료로 쓰고 동양적 직조 방식으로 짜서 만든 새로움의 옷을 입고 살아가게 한다. 적은 것일수록, 미소하고 비천한 것일수록, 더욱 소중하고 사랑할 만한 것이요, 분심잡념(分心雜念)과 사욕(邪慾)뿐 아니라 자기(自己)를 통째로 비우고, 부정(否定)하면서 더욱 큰 하느님의 사랑을 얻어 내고 마침내 하느님의 현존 속에 살아갈 수 있다고 복음이 말하는 진리를 한국적이고 동양적인 심성으로 단순소박하게 표현해 내신다. 양심불을 밝혀 성령을 모시고, 점성정신(點性精神)으로 완덕오계(完德五誡)를 지키며, 침묵(沈默)·대월(對越)의 삶으로 마침내 면형무아(麵形無我)에 이르자는 영적 체계가 그렇게 해서 나오게 되었던 것이다.

그리고 신부님께서는 이 영성체계의 실천적 귀결점으로 한국 순교자들의 역사적 맥락에서 '면형제사(麵形祭祀)'와 '면형사제(麵形司祭)'를 말씀하시는데, 이는 바로 구체적인 현실 안에서 순간마다 삶의 제사를 봉헌하는 것이요, 그 제사의 제관이 되는 것을 뜻한다.

'배달겨레' 혹은 '빛의 아들들'이라 불린 이 민족은 하늘에 제사 지내기를 그 역사의 시원(始原)부터 즐겨 하였고, 오늘에 이르기까지도 경(敬)과 성(誠)의 덕목이 실천되고 완성된 최고의 형태로서의 제사를 늘 삶의 가장 중요한 부분으로 여기며 살아온 민족이었음을 감안할 때, 우리 모두가 면형제사를 지내는 면형사제로 불렸다는 무아 방 신부님의 이 소명선언은 특별히 한민족 전체의 아이덴터티(Identity)가 그대로 그리스도인의 실존에로 자연스럽게 귀결되는 결과를 낳게 한다.

일상 안에서 만나는 모든 인간적인 수고로움과 어려움, 사랑과 고통, 희생과 극기의 과정들이, 아니 이 세상의 삶 그 자체가 그대로

제물(祭物)이 되고 그 삶의 주체들 모두가 제관(祭官)이 되어 그리
스도의 십자가상 제사와 하나로 봉헌된다는 이 아름다운 소명을 완
성해 갈 때만이, 역설적인 의미로는 바로 제사문제로 인해 목숨을
바치며 그리스도를 증거해야 했던 한국의 모든 순교자들의 희생과
죽음의 제사가 이 민족의 역사와 구원을 위해서 참으로 중요한 의미
를 지닌 것이었다는 증명이 될 것이기 때문이다.

바로 이러한 사제직분은 멜기세덱의 직분을 완성한 대사제이신 예
수 그리스도의 십자가상의 제사에 동참하는 것이며 이런 의미에서
성모마리아야말로 전 생애를 통해 그리스도의 십자가를 따른 최고의
면형사제이시라고 정의 내리시는 신부님은 한민족의 삶 그 기나긴
역사 안에서 제사가 차지해 온 참된 의미를 갈파하셨을 뿐 아니라
이 시대, 이 땅이 요구하는 참된 사제상을 제시하고 계신다고 볼 수
있다. 아울러 사제적 삶을 살아가는 데 있어 그 삶의 제사를 봉헌하
는 제관을 참사제로 규정함으로써 남녀의 구분을 처음부터 의식하지
않으시니, 오늘 일부 교회에서 논의되고 있는 여성사제직에 대한 주
장에 대해서도 새로운 시각으로 조명할 수 있는 근거를 제시하고 계
신다 하겠다.

이렇듯 그분의 영성 안에서 비로소 한국의 초기교회의 창립자였던
순교자들의 창의적인 토착화 작업이 그 열매를 얻게 될 뿐 아니라,
계속해서 이 영성을 살아가는 오늘의 그리스도인들에 의해 토착화
작업은 계승되어 갈 것이다.

2) 순교영성(殉敎靈性)으로
한국교회의 변화(變化)를 전망(展望)한다

초대교회의 순교자들이 죽음을 넘어 오늘의 한국교회 한복판에 살
아 나와 한 소리 외친다면, 살아 계신 하느님을 증거하고 하느님 나

라가 우리 가운데 있음을 증거하기 위해서 "한국교회는 변화해야 하고 변화하기 위해서는 죽어야 한다"가 아닐까? 순교자들이 살아 있는 우리의 신앙이라면 마땅히 오늘 한국교회가 갖는 모습의 허(虛)와 실(實)을 제대로 보면서 하느님의 나라를 증거하고 그 기쁨을 드러낼 수 없게 하는 모든 요소들에 대해 정직하고 과감하게 '변화를 위한 죽음'을 요청할 것이라고 나는 생각한다.

지금부터 16년 전, 1984년에 103위 순교자들을 성인품에 올리면서 우리는 역사의 한 단락을 접어 버린 듯하다. 순교의 역사와 그 맥(脈)일랑 항아리에 고이 담아 성지에 안착(安着)하게 하고, 우리는 그 항아리를 기억의 품에 안은 채 그들이 남긴 영광의 시간을 누비고 다닐 뿐, 순교성인들의 혼(魂)이 도무지 우리 안에 생생히 살아 나오도록 허락하지는 않고 있다[22]. 마치 오래전부터 서구교회가 튼튼하고 견고한 석상과 화려한 교회의 감실 속에 예수를 가둔 채 기념으로만 섬기고 사랑하며 소유해 온 독선(獨善)과 아집(我執)을 오늘의 한국교회도 무척이나 닮아 있는 것처럼 보일 정도다.

이제 한국교회의 변화를 전망(展望)하면서, 무아 방 신부님에 의해 일상화(日常化), 구체화(具體化), 현재화(現在化)된 순교영성(殉敎靈性)이 바로 면형무아(麵形無我)라고 할 때, 교회의 존재방식, 사목활동, 행동정식을 바로 이 면형무아(麵形無我)의 영성으로부터 이끌어 낸다면, 과연 어떤 변화가 일어날 것이며, 어떠한 영적 죽음을 감당해야 할 것인가를 예상해 보는 한편, 그 오랜 세월 동안 여러

---

22) 성지와 박물관을 관리하고 성지순례를 하며 순교자들에 대한 교회사연구와 학술회의는 여전히 계속되고 있다는 점에서는 이 말이 해당되지 않는다. 성지개발사업도 또 다른 순교자들을 시성하기 위해 하고 있는 일들도 많을 뿐 아니라 교구에 따라서는 이들 성지개발사업이 매우 중요한 재산관리의 차원에서 대단히 욕심나는 사업이 되기도 한다. 그러나 문제는 연구와 기념, 보존과 관리의 차원일 뿐, 그들의 순교정신과 순교의 삶이 생생하게 뿌리내려서 진정한 진리추구와 신앙증거의 삶으로 교우들 안에 자리 잡도록 교육되거나 교회 밖으로 증거되지 못하고 있다는 것을 지적하는 말이다.

차례의 박해를 겪으면서도 굴하지 않았던 한국교회 순교자들이 지니
고 있던 끈질긴 신앙과 진리추구의 정신을 이어 보고자 한다.

－교회는 먼저, '자기 없음[無我]'의 방식으로 존재하고 일하게 될
것이다

순교영성을 오늘 한국교회가 산다 함은 바로 교회 자체가 매사에
'자기 없음[無我]'의 방식으로 임하고 존재하며 행동해야 한다는 것
이다. 실은 이것이 이 세상을 살다 가신 예수의 방식 아니었던가?
모든 것을 아버지께 돌리면서 그분은 자신을 낮추고, 비우면서 사람
들에게 봉사하셨던 것이다. 복음의 진리는 이렇듯 단순하다. 덧붙일
것도 오해할 것도 없다. 오로지 하느님의 뜻을 이루기 위해 남김없
이 자신을 비운 그리스도를 참으로 따르는 자만이 진정한 그리스도
인으로 불릴 수 있다는 것이다. 교회를 구성하는 각각의 그리스도인
이 진정으로 복음에 뿌리내리지 않으면, 그래서 개인적 삶이든 그들
이 투신하는 대 사회적 삶이든 변혁되지 않는다면 교회는 결코 이
세상을 위한 구원의 성사가 될 수 없기 때문이다.

복음이 전하는 그리스도는 가난한 과부가 부끄러워하며 헌금한 동
전 두 닢의 소중한 가치를 알아보시고 칭찬해 주신다(루가 21,1－4).
또 성전 한 편에서 가슴을 치며 "죄 많은 저에게 자비를 베풀어 주
십시오"라고 간절히 기도하던 공인된 죄인 세리가 하느님의 눈에는
올바른 사람으로 인정받는다고 선언하신다(루가 18,9－14). 이런 그
리스도의 사랑과 자유는 바로 그가 택한 삶의 자리가 무(無)였기 때
문에 가능했다면, 교회가 서야 할 유일한 자리 역시 무(無)라고 할
수 있다. 그때 점(點)같이 하찮고 적어 보이는 일들이 무한의 가치를
지니고 하느님이 기뻐하시는 예물이 될 뿐 아니라 마침내 무(無)에
계신 하느님 그분과 일치하는 교회가 될 것이다. 때문에 교회 안에서
드러난 직무를 가진 이들이야말로 더욱 철저하게 자기를 비우지 않

으면 그들이 전하는 그리스도는 죽음을 넘어 부활한 생명을 지닌 살아 있는 분으로 제시되지 못하고 감실 속에 갇히거나 석고상으로 고정된 채 인간들의 필요에 따라 섬김을 받는 분으로 전락하고 만다.

그러니 우리가 고집하고 있는 것, 소유하고 있는 것, 누리고 사는 것, 그리고 관계 맺고 있는 모든 것에 '자기 없음'의 렌즈를 가지고 성찰해 보자. 무아(無我)의 거울로 비추어 보고, 면형(麵形)의 저울을 가지고 달아 보자. 단순소박한 진리의 모습에 우리가 붙이고 오염시킨 군더더기가 너무 무겁고, 너무 거추장스럽고, 너무 지저분하고, 너무 화려하지 않은가?

 - 교회의 에고를 십자가에 못 박을 수 있어야 한다

왜 교회는 거대한 조직을 유지하고 관리하는 일에 그 많은 수고를 해야 하는가? '십자가에 알몸으로 달리신 예수'의 모습이 부끄러워 한 편에 뭉쳐 선 채, 덧입고, 겉꾸미고, 치장하기 시작했다면, 순교자들의 고난과 그들의 참다운 희생은 교회 안에 발붙일 자리가 없게 된다. 이제 교회는 세상의 교만과 헛된 영광을 어리석음으로 드러내는 '십자가 위의 알몸 예수'를 부끄러워하지 말고, 오히려 그를 부끄러워하는 자신을 불쌍히 여겨야 한다. 너무 거대한 조직을 유지하는 데 필요한 비용과 노력을 가난하고 병든 이웃에게 돌려야 한다. 통치자, 지배자의 형상을 하고 있는 교회의 관리자인 성직자들은 '사람을 사랑하는 일'이 주님의 유일한 급선무였음을 기억해 내야 한다. 알몸 예수를 닮기 위해 벗고, 부수고, 없애고, 던져 버려야 하는 교회의 에고가 바로 교회 통치자들의 에고임을 알아야 한다. 그 에고를 십자가에 못 박아야 한다. 그것이 진정한 의미에서 예수를 따르는 일이요, 증거하는 일이며 또한 순교성인들의 뜻을 받드는 일이다.

이제 교회가 달라져야 한다. 제도이 두터운 겉옷을 입고 비대해진 몸을 지탱하기 위해 덕지덕지 붙이고 있는 모든 허섭스레기들, 헛된 권위의 상징들을 벗어 버려야 한다. 그리고 작아져야 하고 내려가야 한다. 또한 교회 밖으로 나가야 한다. 구원을 요청하는 긴박한 절규를 하고 있는 사람들의 삶의 현장으로 기쁘게 달려가야 한다. 십자가가 서 있던 곳은 성문 밖이었다. 구체적인 인간 삶의 현장이었다. 소외와 억압, 고발과 폭력, 욕설과 침 뱉음과 모욕의 장소였고, 배고픔과 추위와 뜨거운 태양빛과 모래바람에 노출된 채 살아가는 모든 노동자들 가난한 자들의 삶의 자리였다. 바로 그 한가운데서 당신의 사명을 수행하셨던 그리스도였음을 잊어서는 안 된다.

　－교회는 사랑으로 섬기고 봉사하면서 자기 존재를 증명해야 한다
　순교영성이 면형무아(麵形無我)로서 오늘에 이런 체계를 이룰 수 있었던 것은 무아 방 신부님의 하느님체험－무한한 사랑으로 현존하시면서 역사를 이끌고 구원하신다는－그 사랑체험에서 비롯되었다는 것을 명심해야 한다. 그렇다면 교회 안의 모든 양들이 먼저 목자로부터 사랑받고 있다는 행복과 기쁨을 누려야 한다. 그 사랑받고 있다는 환희가 또 다른 사랑의 순교, 영적 죽음을 받아들일 수 있는 자발적인 동기를 부여하는 까닭이다. 그렇게 주고받는 신앙의 전수가 세상 밖으로 확대되면 교회 자체가 세상 속에 사랑으로 존재하게 될 것이다.

　사랑은 수고를 모른다. 세상 모든 고난에 대해서도 기쁨과 즐거움으로 그것들을 극복할 수 있는 힘이 바로 사랑 자체에서 나오기 때문이다. 하느님이 전적인 사랑임을 알아들은 아들만이 세상을 향해 군림하기 위해서가 아니라 섬기고 봉사하기 위해 왔노라고 선포할 수 있었고, 그분의 사랑을 먹고 배운 제자들이 세운 교회에서 사랑받으며 성장한 초대교회가 세상을 향해 또 하나의 놀랍도록 신기한 사랑의 공동체로 존재할 수 있었던 것이다. 이제 이 초대교회의 모습을 회복하기 위해서라도 교회는 사랑과 봉사로 군림하는 법을 배

워야 할 것이다. 역사의 많은 노정(露呈)에서 교회가 교회법과 신학, 교리와 제도를 이용하여 세상과 자신을 구별해 왔다면, 이제 교회는 자신의 존재증명을 울타리 없는 사랑, 조건 없는 봉사와 희생으로 해야 할 것이다. 복음서의 예수가 보인 남다른 점이 바로 그것이었기 때문이다.

  -교회는 십자가의 비결(秘訣)과 전화위복(轉禍爲福)의 지혜를 몸소 살고 가르쳐라!

  하느님이 무한한 사랑 자체임을 경험한 무아 방 신부님에 의해 십자가(十字架)의 비결(秘訣)이 전화위복(轉禍爲福)의 지혜(智慧)이며, 십자가야말로 하느님의 지극한 사랑의 싸인(Sign) 이외에 아무것도 아니라는 것이 드러났다. 그렇다면 "십자가가 하느님의 사랑"이라는 교회의 믿음이 있는 그대로 살아지고 있는지를 물어야 한다. 믿고 살 수 있어야 증거가 될 수 있기 때문이다. 세상에 빛과 소금이 되어야 하는 교회가 참으로 구원의 표징이 될 수 있음도 짙은 어둠 속에서 마주치는 모든 시련과 고통 앞에서 진정으로 인간생명과 현실적인 삶을 긍정하고 희망하는 모습을 지닐 때이다. 십자가의 비결을 믿는 이에게 어려움은 처음부터 없다. 오히려 모든 화(禍)가 복(福)이 되는 까닭이다. 그러니 어려울수록 더욱 좋아하고 죽으면 더 좋아하는 교회여야 한다. 이것이 세상을 향해 교회가 가르칠 수 있는 유일한 복음내용이다. 슬픔과 배고픔, 눈물과 한숨짓는 현실을 마주하면서 진심으로 하느님을 만나 그분께 전적인 희망을 두고 오늘의 말씀을 살아가는 자(者)가 진정으로 행복하다는 저 산상수훈이 오늘 우리의 삶 한가운데에서 입증되는 곳이 바로 교회여야 한다.

Ⅱ. 나가는 말

평생을 통해 일상(日常)의 순교(殉敎), 매 순간의 영적 죽음-자아 비움의 길-을 지향했던 무아 방 신부님의 삶은 말 그대로 침묵(沈默) 속의 여정(旅程)이었고, 자신의 영성(靈性)처럼 무아(無我)였다. 그리고 자신의 체험에서 나오는 영성(靈性)의 진수(眞髓)를 더욱 쉽고 분명하게 또 단순하면서도 자연스럽게 가르치려고 노력하셨다. 그래서 그분의 강론에는 수많은 비유와 상징들이 아주 재미나게 쓰이고, 성서이야기와 예수님의 말씀이 자유자재로 뒤섞여 나오면서도 그 가르침은 한층 명료해지고 단순소박한 모습으로 들리게 한다. 비교적 생애 말기에 점성정신(點性精神)이란 단어를 찾아 내시면서는 더 알아듣기 쉽고 가르치기 쉬운 것을 주님께서 깨우쳐 주셨다고 어린아이처럼 좋아하셨다는 신부님은 언제든 순수한 동심과 호기심으로 빛나는 눈을 가지고 사셨던 분이다.

그러면서도 영적 지도자로서 또 순교가문(殉敎家門)의 사부(師父)로서의 그분의 면모는 참으로 어느 시인의 표현대로 '미소띤 침묵'으로 일관된 것이었다. 말씀대로 사셨고 가르침대로 기도하시며 노력하시던 분이었다.

한편 자생적으로 초대교회의 시작을 가능하게 했던 이 땅에서의 순교의 역사가 그분 덕분에 오늘 우리의 일상(日常) 한가운데를 관통(貫通)하면서 다시 이어지고 있다는 점에서, 그분은 진정한 순교자(殉敎者)의 후손(後孫)이라고 할 수 있겠다. 수도원을 창설하시면서, 한국의 문화와 한민족의 특성을 살리는 그리스도교의 신앙이어야 하고, 동양적 수도의 맥(脈)을 잇는 수도생활이어야 한다는 생각으로 '한국순교복자(韓國殉敎福者)'라는 이름을 그대로 修道會의 이름으로 가져오시면서, 그분은 결국 순교자들의 후예인 오늘 한국의 그리스도교인들이 바로 순교영성으로 한민족의 복음화에 투신할 수 있는 길을 열어 주고 싶어 하셨던 것은 아니었을까?

무아 방 신부님은 이 모든 여정을 출발하던 때, 오직 하느님의 이 말씀만을 의지했다고 한다. "너희는 먼저 하느님의 나라와 하느님께서 의롭게 여기시는 것을 구하여라"(마태 6,33). 아무것도 없기 때문에, 또 없는 가운데 모든 것을 시작해야 했기에 더욱 많은 것을 추구하고 욕심낼 수 있는 현실이었다. 그런데 이 복음말씀을 생명처럼 소중히 여기면서 당신의 여정을 시작했기에 주님은 참으로 다른 모든 것도 곁들여 주셨던 것이 아닌가 하는 것이 그분의 영적 제자들과 그분을 아는 모든 이들의 생각이다.

오늘 한국교회가 새로운 천년기의 여정을 시작하면서 유일한 지팡이로 의지해야 할 복음말씀도 바로 같은 내용이어야 하지 않을까? 어느 때보다 더욱 인간본능이 요구하는 쾌락과 소유에 대한 욕망과 그를 위해 더욱 강한 힘을 지녀야 한다는 힘의 경쟁이 지배하는 현대사회, 국제사회에서 진정한 승자가 되기 위해서라도, 그리스도를 만나 더욱 빛나게 된 동양적인 지혜-비움과 무(無)의 신비-를 철저히 따르고 완성해 가는 것이 우리의 몫이 아니겠는가?

이상으로 무아(無我) 방 신부님의 영성-면형무아(麵形無我)와 그 길-이 담고 있는 순교영성(殉敎靈性)에 대한 고찰을 마무리 하면서, 이 보잘것없는 논고(論考)가 특별히 한국적(韓國的)인 영성(靈性)이 무엇인가에 대해 고심하며 질문하는 많은 이들에게 작은 도움이라도 줄 수 있기를 바라는 마음에서 준비했다는 것을 밝힌다.

로마에서 공부하던 시절, 한국교회의 장상이 "한국교회가 세계교회를 위해 내어 놓을 수 있는 것이 있다면 무엇인가?"라는 질문을 교회 내 외국 언론인으로부터 받았을 때 서슴지 않고 "한국 순교자들의 신앙과 영성"이라고 대답했다는 사실을 얼핏 전해 들은 기억이 난다. 정확한 기억인지는 잘 모르겠으나, 이 내용을 지금 기억해 내

면서 이제 한국교회도 자신만의 영성적 특성을 구별해 내고 그 길을
따라 그리스도인들을 지도하고 복음화하면서, 하느님이 한국교회에
특별히 허락하신 그 영적 선물을 제대로 알아듣고 선용(善用)함으로
써 바로 그를 통해 하느님께 영광과 찬미를 드릴 때가 되었다는 생
각을 해 본다.

"순교(殉敎)와 동일한 가치의 삶은 인(人)·사(事)·물(物)·현상(現
狀)에서 당하는 크고 작은 어려움을 기쁨으로 참아 받으면서 일생을 사
는 것"(단 125).

21세기 한국교회 순교영성의 진로모색

심상태

새로운 세기의 문턱을 막 넘어선 시점에서 첫 번째 순교성월을 보내면서 한국순교자대축일을 맞이하여 한국순교자영성연구소가 개최하는 2000년 대희년 기념 학술회의에 초대받아 '21세기 한국교회 순교영성의 진로' 주제로 발제를 하게 된 것을 영광스럽게 생각한다. 그리고 영성 분야의 전문가가 아님에도 피 흘려 교회를 세우신 한국교회의 지주 순교자들의 영성을 기리면서 후손으로서 부끄럽지 않은 삶을 살고자 다짐하는 뜻 깊은 자리에 영성 전문가들과 자리를 같이 하여 한국교회 순교영성의 전망에 대해 말씀을 드릴 수 있도록 기회를 제공해 주신 한국순교자연구소장 김윤수 신부님의 초청에 대해 감사드린다.

한국교회는 지난 2, 30년간 이룩한 괄목할 만한 외적 성장과 역동적 제반 활동에 의거, 21세기와 제삼천년기에 세계 인류의 복음화에 크게 기여할 수 있는 지역 교회로 국내외에서 기대를 모으고 있다.[1]

---

1) Pope John Paul II's Address to the Catholic Bishops of Korea, in: *L'OSSE-RVATORE ROMANO* N.13–27 March 1996 pp.5–12. 참조.

생태계 위기가 심화되고 복제생명의 출현이 가시화되면서 인류는 역사가 시작된 이래 지속되어 온 세상과는 질적으로 차원이 다른 세상을 맞이하고 있다. 이러한 시점에서 한국교회가 고유한 순교영성의 현실을 점검하고 이와 결부시켜 자신의 진로를 모색하는 일은 교회 자신의 정체성 확립을 위해서 매우 중요한 의미를 지닌다. 그래서 논자는 한국교회 순교영성의 현실을 일별하고 21세기에 요청되는 한국교회 순교영성의 자세를 '시대의 징표'와 연관시켜 정립하고자 한다. 그런 다음 21세기 사회 복음화와 아시아 내지 세계교회 활성화에 기여할 수 있을 순교영성의 진로를 모색하게 될 것이다.[2]

Ⅰ. 한국교회 순교정신의 현실

한국교회는 순교자들이 피 흘려 세운 교회이고 제3세기로 접어든 한국교회 역사 자체가 순교정신으로 이어진 교회역사라고도 볼 수 있다.

1. 순교는 본시 그리스도 신앙을 증거하기 위해 자신의 결의에 의해 피 흘려 삶을 희생하는 증거를 의미한다.[3] 아울러 유혈 순교까지는 아니라 하더라도 삶 속에서 하느님의 뜻에 온전히 자신을 의탁하고 현실적으로 자신의 뜻과 많은 것을 포기하는 삶의 자세도 넓은

---

2) 이하 내용에 관하여 전반적으로 졸저, 『한국교회와 신학』, 바오로딸 2 1999, 『2000년대의 한국교회』, 성바오로출판사 1993, 『續·2000년대의 한국교회』, 바오로딸 1997, 『「제삼천년기」와 한국교회의 '새 복음화'』, 한국그리스도사상 연구소 1998, 『제삼천년기의 한국교회와 신학』, 바오로딸 2000 참조.
3) 김윤수, "한국순교복자성직수도회와 순교영성", 「형제愛」 제8호, 한국순교복자성직수도회 1999, 16-21면 참조.

의미의 순교적 삶으로 이해될 수 있다. 그래서 순교정신이 목숨을 실제로 피 흘려 희생하는 것을 추구하는 영적 자세라기보다 하느님께 자신의 온 삶을 남김없이 의탁하여 생명처럼 그지없이 소중한 그무엇이라도 흔쾌히 포기하는 복음 증거적 삶의 자세를 뜻한다고 볼 것이다. 이러한 순교정신과 영성으로 이루어지는 삶은 마침내 완덕으로 나아가 그리스도를 닮아 하느님과 일치하는 삶이 된다. 논자는 한국교회 안에서 시작 이래 오늘날까지 이러한 순교정신 내지 영성이 면면히 이어지고 있다고 본다.

한국교회는 2000년에 이르는 교회사상 유례없이 외부로부터의 선교활동에 의해서가 아니라 방인 구도자들의 자발적 진리 탐구를 통하여 생겨났다.[4] 한국교회는 1784년 공동체가 설립된 초기부터 오늘날까지 구원의 진리를 향한 열렬한 구도자세와 진리를 위해 생명까지 아끼지 않는 순교자들이 피로써 세운 자랑스러운 전통을 지니고 있다. 한국교회의 신앙 선조들은 복음의 진리를 자발적으로 철저한 구도자세로서 탐구하였으며, 이를 구원의 진리로 믿고 수용하게 되면서부터 실천적으로 생활화하며 동포의 구원을 위하여 100년여 동안 박해기간 중에도 생명의 희생을 무릅쓰고 생활화하였다.

순교정신으로 살았던 평신도들에 의해 세워진 한국교회는 200년 남짓한 역사 동안 가혹한 박해와 혹독한 시련을 겪어야 했다. 1945년 민족해방 이래 한국교회는 36년 동안의 일본 식민통치기의 상흔과 1950년부터 3년에 걸쳐 진행된 6·25 동족상잔, 그리고 이어진 남한에서의 독재 실정의 피해를 극복하고 신앙 공동체로서의 정체성을 민족사회 안에서 확립하기 위하여 범교회적으로 많은 노력을 기울였다. 그래서 1953년 휴전 이래 깊고 오랜 침묵에로 빠져 든 북한 교회와는 달리 남한 교회는 7, 80년대를 거치면서 양적 차원에서 황

---

4) 이에 관하여 졸저, 『2000년대의 한국교회』, 232-241면, 『「제삼천년기」와 한국교회의 '새 복음화'』, 108-125면 참조.

금기라고 지칭될 수 있을 만큼 급성장하기에 이르렀다.

또한, 한국교회는 1984년 복음화 200주년을 맞이하여 과거를 돌이켜 보고 당시의 신앙을 성찰하고 미래의 새로운 교회상을 정립하려는 기본 취지하에 갖가지 기념행사를 전개하면서 한국교회가 내적으로 쇄신된 보다 성숙한 자세로써 신앙을 토착화하고, 외적으로는 능동적이고 적극적인 선교로써 이 땅에 참된 복음화를 이룩해야 한다는 결의를 표명하였다. 특히 사목회의가 한국교회사상 최초로 성직자, 수도자, 평신도 전체가 참여해 과거를 회고하고 선교 300년대를 향하여 한국교회의 방향을 제시하기 위하여 개최되었다. 제2차 바티칸 공의회가 온 교회와 세계에 기여했던 것처럼 이 회의를 통해 한국교회와 민족사회 안에 참된 그리스도 정신을 이룩하려는 목적을 가지고 사목회의가 개최된 것이다.5)

오늘날 한국교회는 국민 대비 8%를 상회하여 400여 만에 육박하는 신자들을 포용하는 경이적 성장을 이룩하였다. 한국교회는 인접 사회주의 공산 중국이나 북한은 물론이고 일본이나 대만교회와도 극히 대조적인 비약적 성장세를 2, 30년간 지속적으로 유지해 온 활력 넘치는 교회이다. 그리고 아시아 교회 안에서는 거의 유일하게 천문학적 비용이 투입되는 대규모 시설들을 건립할 수 있는 경제력을 보유하고 있으며, 사회복지활동을 모범적으로 전개하여 특별한 사회적 공신력을 획득하였고 사회정의 및 민주화 실현을 위해 적극 투신함으로써 범국민적 신뢰를 받기에 이르렀으며, 상당수 교회 구성원들이 사회지도층으로서 주도적 역할을 수행하는 등 실로 괄목할 만한 활력을 내외에 과시하고 있는 중이다. 한국교회의 이러한 약동적 성장의 원인을 선조들의 숭고한 구도자세와 희생적 순교정신을 계승한 신자들

---

5) 졸문, "한국천주교회 토착화 전망", 『한국교회와 신학』, 148 - 149면, 졸편, 『한국교회선교 200주년 기념 사목회의 의안 해설집』, 한국그리스도사상연구소 1994 참조.

의 희생적 삶의 자세에서 찾을 수 있다. 교회 초창기부터 순교정신을 계승한 평신도들의 활동이 레지오 마리애를 위시한 여러 신심단체들을 중심으로 교회 각 분야에서 끊임없이 적극적으로 활성화되고 확산되면서 한국교회가 전반적으로 침체된 세계교회 안에서 이례적으로 지극히 생동적인 교회로 부각되기에 이른 것으로 보아야 할 것이다.

한국교회가 지난 1970, 80년대에 인간의 기본권을 부당하게 억압하는 역대 독재정권을 거슬러 사회적 구원의 실현을 위해 투신할 수 있었던 것 역시 순교정신의 발로 때문이었다고 볼 수 있다.6) 이 정신이 민주 정의 사회의 실현을 위해 과감하게 투신하는 진취적 사회개혁 자세로 구현되어 나타난 것이다. 1987년 6월 29일의 사회민주화 선언이 있기까지 교회의 '정의평화위원회'나 '정의구현사제단'을 비롯한 여러 교회단체의 민주 정의 사회 실현을 위한 불굴의 활동은 가히 민족사적 의미를 지닌다는 평가를 받기에 족하다.

한국교회의 모범적인 사회복지 활동 역시 순교정신으로부터 발해진 훌륭한 유산으로 볼 것이다.7) 한국교회는 나환, 결핵, 그리고 정신 및 신체장애 환자들을 위한 요양소를 비롯하여 양로원과 보육원 등의 수많은 복지시설과 의료시설들을 운영하고 있다. 이 시설들 중에서 일부는 전적으로나 부분적으로 운영경비를 정부로부터 받고 있기도 하지만, 아직도 상당수의 복지시설들은 전적으로 교회 구성원들의 자발적 참여에 의하여 운영되고 있다. 불우한 동포들의 정신적이고 물질적인 복지를 위한 한국교회의 활발한 복지활동은 다른 사회집단에게도 귀감이 될 정도라고 말할 수 있다. 오랜 세월 동안 적지 않은 수효의 대소규모 복지시설의 운영을 가능하게 한 수많은 수도자들과 평신도들의 순박하고 헌신적인 봉사활동 안에서 경탄을 자아내기에 충분한 순교정신의 발로를 읽을 수 있다.

---

6) 졸저, 『2000년대의 한국교회』, 233면 참조.
7) 졸문, 위의 책 234면 참조.

Ⅱ. '시대의 징표'에 비추어 본 한국교회 순교영성

교회 영성이 일반적으로 예수 그리스도 안에서 하느님의 사랑을 체험하고 그분과 교회를 통해서 하느님께로 향하는 삶의 자세로 이해될 수 있지만, 이와 아울러 영성은 현실 사회와 세계 안에서 이루어지는 신앙인의 구체적 삶, 신앙인들이 속한 공동체의 역사적 상황과 상관하는 가운데 시대적 특성을 지니기 마련이다. 21세기의 한국교회 순교영성 역시 특유한 시대적 상황에 따라 고유하게 표현되고 생활화되게 마련이다.

1. 21세기 순교영성 역시 '시대의 징표'에 부응하는 성격을 명시적으로 드러내야 할 것이다. 오늘날 인간과 세계를 향하는 하느님의 뜻이 '시대의 징표'를 통해서 표출되기 때문이다.[8]

'시대의 징표(signum temporis)'라는 말은 본시 성서적 개념이다. 예수께서는 하느님의 인정을 받았음을 증명하는 표지로 기적을 보여 달라는 요청을 받았을 때, 사람들이 하늘의 상태를 보고 일기를 예상하면서도 '시대의 징표'를 식별하지 못함을 개탄하였다. "너희는 저녁때에는 '하늘이 붉은 것을 보니 날씨가 맑겠구나' 하고 아침에는 '하늘이 붉고 흐린 것을 보니 오늘은 날씨가 궂겠구나' 한다. 이렇게 하늘을 보고 날씨는 분별할 줄 알면서 왜 시대의 징조는 분별하지 못하느냐?"(마태 16, 2 이하 병행구, 요한 4, 35 참조). 콘스탄티노 황제 시대나 중세에 예언적 의미로 사용되던 이 말은 교황 요한 23세와 그가 소집한 제2차 바티칸 공의회 이래 현대 세계의 상황 안에서 드러나는 하느님과 관련되어 새로운 의미로 사용되고 있다.

---

8) '시대의 징표'에 관해 전반적으로 졸문, "'시대의 징표'와 하느님의 섭리", 『續·2000년대의 한국교회』, 33-59면 참조.

이 공의회에서 반포된 기간 문헌에 해당하는 「현대 세계 안에서의 사목 헌장」은 역사의 과정이 우연한 사건들의 단순한 집적이 아니고 하느님에 의해 인도되고 있음을 '시대의 징표'를 통해 유의하도록 촉구하고 있다. "하느님의 백성은……현대의 다른 사람들과 함께 직면하고 있는 사건(事件)과 요구와 염원(念願)을 체험하면서 하느님의 현존과 그 계획의 참된 표지(標識)는 과연 무엇인지를 그 속에서 알아내려고 노력한다."9) 이 공의회에서 사용된 '시대의 징표'는 현대 세계 안에서 일반적으로 형성된 새로운 정신 자세나 운동들, 역사의 조류들을 뜻하면서 온갖 유형의 차별주의와 권위주의, 그리고 제도주의를 거부하고 진리와 정의, 사랑과 자유 등의 가치에 상응하는 개방과 일치, 협력과 관용을 드러내는 자세들을 지칭하면서 하느님의 구원의지가 표출되는 장으로 드러나고 있다.

현 교황 바오로 2세는 2000년 대희년 준비 교서 「제삼천년기」에서 '시대의 징표'에 해당되는 구체적 표징들을 언급하고 있다.10) 그는 민족들 사이에서 복음적 가치에 대한 공감과 합의가 이루어진 경우들로 폭력과 전쟁의 거부, 인격과 인권의 존중, 자유와 정의와 우애에 대한 열망, 인종차별과 국수주의 극복, 여성의 품위와 역할에 대한 인정 등에서 드러나는 '시대의 특징'들을 들고 있다. 또한 인간 생명에 봉사하는 과학기술의 진보 특히 의학적인 진보, 환경에 대한 우리의 책임에 관한 더욱 깊은 각성, 평화와 정의가 침해되는 곳에서 이를 회복시키려는 노력, 다른 여러 민족들 사이에서 특히 세계의 북반구와 남반구 사이의 복합적인 관계에서 추구하는 화해와 연대를 위한 열망 등과 같은 일련의 현상들을 사회 전반에 걸쳐 드러나는 '희망의 징표'들로, 그리고 은사(恩賜)들을 받아들이고 평신도

---

9) 「사목 헌장」 11항.
10) 교황 요한 바오로 2세, 「제삼천년기」, 졸역, 한국천주교중앙협의회 1995, 46항 참조.

를 승격시킴으로써 성령의 목소리에 귀를 기울이는 더욱 큰 관심, 그리스도교 일치의 대의를 위한 더 적극적인 투신, 다른 종교들이나 현대 문화와 나누는 대화에 대한 관심의 증가 등과 같은 제 현상들을 교회 안에서 드러나는 '희망의 징표'들로 대하고 있다.

2. 한국 순교영성은 오늘날 온 인류에 의해 범세계적으로 갈구되면서도 부분적으로만 일반 사회나 교회 안에서 실현되고 있는 이러한 가치들이 온전히 실현되도록 투신하는 삶을 살아야 한다. 한국사회와 교회의 현실상황을 일별하는 가운데 순교영성이 어떻게 '시대의 징표'에 부응할 수 있을지를 살펴볼 필요가 있다.[11]

한국사회에서 30여 년 동안 인간의 기본권을 부당하게 억압했던 군부통치 기간이 학생층과 일부 종교인들과 지성인들의 저항에 힘입어 종식단계에 접어들고 90년대에 들어와 민간정부가 수립되고 민주적 사회질서가 정착하려는 시점에서 띈 일련의 대형 사고들이 연속적으로 발생하고 충격적인 대형 범죄사건들이 빈발하여 사회의 도덕적 공동화 현상이 빚어지고 있다. 한국사회 안에 무교·불교·유교 등 전통 종교를 위시하여 그리스도교와 여러 신흥종교들이 번창하고 있음에도 불구하고 사회적 분위기는 실천적 세속주의에 깊이 젖어 있다고 볼 것이다.[12] 서구사회의 세속화 과정이 수세기에 걸쳐 장기간에 진행된 데 비해, 한국사회는 60년대 이래 군사정권의 주도 아래 산업화 과정을 급속도로 진행시키면서 장구한 전통 문화와의 조화를 이루는 데 실패하고 기형적으로 세속화된 사회질서가 형성되면서 사회적 부패와 도덕적 공동화가 더욱 확산되고 심화되고 있는 것이다.

현금 한국사회는 건국 이래 최대의 국난을 맞는 지극히 불행한 궁지에 처하게 되었다. 1996년 12월 12일 선진국의 관문으로 알려진

---

11) "'시대의 징표'와 하느님의 섭리", 48-57면 참조.
12) 졸문, "'세속화' 현상이란?", 『제삼천년기 한국교회와 신학』, 바오로딸 2000, 146-164면 참조.

경제협력개발기구(OECD)에 가입하고 1년이 채 경과하기도 전에 상환만기가 도래한 천문학적 규모에 이르는 외국 부채를 지불할 능력을 상실하여, 급기야 1997년 11월 21일 국제통화기금(IMF)에 긴급구제금융을 요청하여 언제 극복할 수 있을지 모를 'IMF경제신탁통치'를 받아야 하는 곤욕을 겪기에 이른 것이다.

또한, 한민족은 세계 유일의 분단 민족으로서 50년대 이래 지속되는 남북 대결상태를 여전히 면치 못하고 이데올로기의 차이를 대화로 제대로 해결하지 못하는 실로 수치스러운 처지를 살고 있다. 이와중에서 북한과 미국 정부와의 제네바 회담을 통한 북한의 핵개발 동결 합의, 그리고 합의 약속에 따르게 될 북한의 미국을 위시한 서방 제국과의 새로운 외교관계 수립 가능성과 경제협력 실현으로 야기될 새로운 한반도 주변 상황에 직면하여 남북관계를 전반적으로 새롭게 정립하여 평화로운 민족통일을 이룩해야 할 새로운 과제가 국민 모두에게 부여되어 있는 실정이다.

한국교회는 정권의 정통성이 빈약했던 유신체제 선포 이래 정치구조의 민주화가 실현되기까지 일부 성원과 단체들을 중심으로 하여 불굴의 활동을 전개하였다. 민주화 과정에서의 교회의 적극적 참여는 교회의 사회적 위상을 높이는 계기가 되었으며, 지성인과 젊은 학생층을 주축으로 한 입교자들로 인하여 교세가 폭발적 성장을 이룩하였다. 그리고 대도시를 중심으로 입교자들이 줄을 잇고, 중산층들이 교회 안에서 차지하는 수적 비중이 점차 높아지면서 대사회적 자신감과 대내적 자족감이 교회 안에 부지불식간에 스며들게 되었다. 그래서 교회 지도층 안에서도 군사정권의 지도층에 결코 뒤지지 않는 권위주의, 그리고 일반 사회에서의 혈연, 지연, 학연에 입각한 붕당주의에 준하는 본당, 교구, 단체의 집단 이기주의가 간과할 수 없이 표면화되기에 이르렀다.

정치적 민주화 과정이 진척되는 사회의 여건변화 속에서 교회에 대한 사회적 관심 내지 호응은 권위주의적 사회 시대에 비해 상대적으로 감소되는 실정이다. 더군다나 다원화와 분권화, 그리고 개인 존중화의 범사회적 변화를 수반할 민주화 과정이 정착되는 사회적 분위기 안에서 중세의 수직적이고 중앙집권적 교회구조가 이질감을 자아낼 것임이 분명하며, 현재로서는 불가예측적인 심각한 위기를 미구에 맞게 될 지도 모를 일이다.

한국교회가 80년대 말부터 일련의 대사회 운동을 적극적으로 펼치면서 사회적 위상제고를 위하여 나름대로 노력해 온 것이 사실이다. 주교회의 가정사목 위원회나 사회복지 위원회, 정의평화 위원회 등을 위시하여 여러 교회기관들이 주축이 되어 교회의 가르침에 따라서 생명옹호, 환경보호, 우리 농산물 살리기, 한마음 한몸 운동 등을 적극적으로 추진하면서 신자들은 물론 국민 일반의 참여를 유도하기는 하지만 신자들의 참여도도 그리 높지 않을뿐더러, 권위주의 체제하에서의 민주화 운동과 같은 국민적 관심을 모으지 못하는 실정이다. 그리고 서울대교구를 중심으로 '2000년대 복음화' 운동을 추진하면서 남아프리카 '룸코 소공동체' 모델에 준하는 소공동체 운동을 확산시키려 시도하고 일부 다른 교구들도 이에 동참하는 자세를 보이고 있지만, 이러한 일련의 노력들이 입교자 수의 감소와 냉담자 및 행방불명자 수의 증가 추세를 역전시키는 데 별로 기여하고 있지 않은 것으로 판명되고 있다. 특히 7, 80년대의 주된 입교자 계층들인 지성인과 젊은 학생, 그리고 근로자 계층이 교회에 대해 가장 냉담한 층으로 급변한 사실은 미래 교회 진로에 어두운 그림자를 드리우는 현상이다.

3. 한국교회는 세계와 한국사회 안에서 드러나는 '시대의 징표'에 부응하는 순교영성을 정착시키려고 노력해야 할 것이다.[13]

---

13) 졸문, "2000년대의 한국교회", 231면 이하 참조.

우선적으로 한국교회가 예수 그리스도의 복음적 교회상을 드러낼수 있도록 살아야 할 것이다. 예수 그리스도에 의하여 형성된 초대교회 안에서 바로 인종, 민족, 신분, 성과 연령을 초월하여 만인이자유롭고 평등하며 평화롭게 살아가는 세계가 실현되어 있었다. 한국교회는 원형적 초대교회로부터 이탈하여 젖어 있는 차별적 권위주의와 유유상종적 집단 이기주의를 탈피하여 진정한 아가페적 공동체를 실현하여야 할 것이다. 오늘날 범세계적으로 열망되는 민주-정의 사회의 공동생활 형태가 '형제자매적 가정 공동체'(兄弟姉妹的家庭共同體)로서의 초대교회 안에서 실현되어 있었다.[14] 하느님과의일치, 인류 상호 간의 일치를 나타내는 표징으로서의 교회 안에서실현되는 '만인의 하나 됨'은 고유한 경위를 거쳐 형성된 것이다. 교회 안에서 실현된 일치는 인류의 구원, 인류의 일치를 위하여 십자가에서 죽기까지 자신을 비우고 낮춘 예수 그리스도에 의하여 가능하게 된 일치이다. 한국교회 안에서 이러한 복음적 순교정신의 생활화가 이루어져야 할 것이다.

다음, 한국교회는 사회와 세계 안에서 스캔들로 드러나는 그리스도교계의 지리멸렬적 분열상을 지양하고 형제적 일치를 도모하기 위한 진솔한 에큐메니칼 운동을 전개하는 데 앞장서야 할 것이다. 인류 공동의 염원과 난제를 해결하는 데에 공동의 기도, 하느님께로의 공동적 의탁, 복음의 공동청취 등이 어떻게 기여할 수 있을지를 진지하게 모색해야 할것이다. 그래서 한국 순교영성은 지구촌(地球村)이 된 세계 상황 안에서교회의 쇄신을 통한 복음화가 진실한 자세로 실현되도록 노력하고, 교회일치를 위해 다른 교파와의 만남에 적극적으로 나서야 할 것이다.

다른 종교나 현대 이데올로기들과의 허심탄회하고 형제적 만남을추구하며, 이들과 연대하여 세계 안에서 지배와 소유를 지향하여 형

---

14) 이에 관하여 졸문, "하느님 나라로서의 교회", 『한국교회와 신학』, 63-142면 참조.

성된 '죽음의 문화문명'을 극복하고 나눔과 섬김을 추구하는 '사랑의 문화문명' 건설을 위해 공동으로 노력해야 할 것이다. 이 난제를 해결하기 위하여 인류 공동의 염원과 난제를 해결하는 데 있어 공동의 기도, 하느님께로의 공동적 의탁, 복음의 공동청취 등이 어떻게 기여할 수 있을지를 21세기 한국교회 순교영성도 진지하게 모색해야 할 것이다. 이들과의 만남 속에서 이루어지는 대화에서 영적 대화도 인류의 공동선 증진과 생태계 보존을 위한 실천적 행동의 기반 위에서 이루어질 때에 시대요청에 부응할 것이다.

Ⅲ. 토착화된 순교영성을 통한 한국교회의 성숙

한국교회가 21세기를 맞아 선교 제3세기에 접어들고 세계교회 차원에서 괄목할 만한 외적 성장을 이룩하여 사회의 복음화를 위해서는 물론이고 아시아 대륙의 복음화와 세계교회 활성화에 크게 기여할 수 있을 지역교회로 전세계교회로부터 기대를 모으고 있다. 그러나 현금 한국교회는 외적 성장에 상응하는 내적 성숙을 이룩하지 못하였으며, 심각할 정도의 영성 빈곤상태에 처해 있다.[15]

1. 새 세기와 천년대를 맞아 한국교회가 무엇보다 중시하고 실현하고자 노력해야 할 점은 모든 구성원들의 내적 미숙성을 탈피하는 일이라고 생각한다. 오늘날 한국사회가 처해 있는 심각한 수준의 국난은 근본적으로 경제적 비리에 연유한다기보다 정신적 공황과 이상상태로부터 연유한다고 보는 것이 타당할 것이다. 이 땅의 종교 내

---

15) 졸저, 『「제삼천년기」와 한국교회의 '새 복음화'』, 141-145면 참조.

지 교회들이 한국사회의 비정상성과 결코 무관할 수 없다. 이 땅의 종교 내지 교회의 신도들이 바로 이 사회의 구성원들이기 때문이다.

한국교회가 이 땅에서 그리스도 교회로 자리 잡고 있는 한, 교계 안에서 개인적으로나 공동체적으로 외양적으로는 교회적 모습이 드러나기는 한다. 그래서 교회 지도자들의 복장이며, 강론 내지 교시며, 공식적인 발표문이며, 일반 신자들의 신앙생활이 교회적 내용과 형식을 담고 있다. 그러나 이러한 외양이 벗기어지고 남아 자리하고 있는 것은 전혀 다른 별개의 실재인 경우가 허다하다. 보다 청정하고 심도 깊으며 차원 높은 영신적 삶을 교회 안에서 추구하려는 뭇 구도자들이 못내 아쉬워하는 부분이 바로 교회의 영성빈곤과 진정성 결여의 차원이다.

예수 그리스도를 따라서 아가페적 사랑으로 나눔과 섬김을 실천하는 복음적 삶을 진술하고 심도 있게 살아가려 하지만, 교회 안의 지도층 성직자나 수도자들, 일반 신자들에게서 오히려 그와 반대되는 모습을 발견하게 되는 경우가 드물지 않은 것이 한국교회의 현실이다. 일반 신자들이나 구도적 예비자들은 삭막하고 혼탁한 사회생활에서 시달린 나머지 교회 안에서 대조적으로 청정하고 고아하며, 탈속적 분위기를 맛보고 마음의 위로와 의지며, 정신적 안정을 찾고자 한다. 그러나 교회 지도자들에게서 사회에서 염증을 느낄 정도로 늘 부딪쳐 왔던 바로 그러한 부류의 속물적 인간상을 대하고는 실망하는 경우가 드물지 않은 것이다.

오늘날 한국교회 구성원들에게서는 신앙으로 믿는 구원의 복음적 진리가 대체적으로 머리 부분에 머물러 있을 뿐, 자신의 존재에 내면화되어 있지 않은 것으로 파악된다. 그 때문에 구원의 진리를 추구하는 구도자들이 성직자나 수도자들을 대할 때에, 처음에는 이들이 지식으로서 머리에 지니고 있어 설교나 강의로 설파하는 복음적 진리가 나름대로 치밀하며 깊이도 있고 또 설득력도 있어 매력을 느끼게 되어 자주 접촉하기에 이른다. 그런데 이들이 자주 그리고 가까이 접하게 되는 많은 교회 지도자들에게서 구두상으로만 진리를 설파하는 이론가 이상의 영성적 실재를 찾지 못하게 되는 것이 흔한 현실이다.

2. 인간은 대체적으로 두 가지 구별되는 도정을 거쳐 진리를 추구하게 마련이다.[16]

우선, 인간은 만나는 사람이나 사물을 논리적으로 정확하게 분석하는 지성적 인식작용을 통해 파악하는 도정을 거쳐 진리를 이해하게 된다. 일반적으로 독서나 학교교육은 바로 이러한 지적 인식작용을 통해 진리에 이르는 도정에 속한다. 인간은 이러한 도정을 통하여 세계 안에 존재하는 사람이나 사물 등 실재 일반에 대한 진리를 쌓게 마련이다. 그런데 인간은 다른 사람이나 사물 등 실재와 몸으로 직접 부딪히면서 감성으로 체험하거나 직관력으로 터득하게 되는 통로를 통해 진리에 도달하기도 한다. 즉 처음으로 대하게 되는 사람이나 사물에 대한 권위 있고 공인된 이론적 지식을 접하기 전이라도 실물을 대하면서 그 진리를 감성이나 직관으로 체득하게 되는 것이다.

서양인들은 대체적으로 전자의 도정을 통하여, 즉 합리적 지성에 의한 탐구활동에 의지해서 진리를 추구하고 일상생활을 영위한다. 개인적이거나 사회 공동체 생활 안에서 실재에 대한 이론적 지식이 결정적으로 크고 중요한 비중을 차지한다. 우리 동양인 내지 한국인의 경우, 개인적이거나 공동체적 사회생활에서 논리정연한 이론적 지식보다 감성적 체험이나 직관적 통찰이 많이 좌우하는 양상을 드러내고 있다. 물론, 직관과 감정에 더 많이 치우치는 한국인에게 단점만 있는 것은 아니고 장점도 있다. 한국인들은 낯선 사람과 관계를 맺게 될 때에, 말로 소개를 받고 상대방의 말을 듣기 전에, 당사

---

16) 졸저, 위의 책 142-145면, 졸문, "제삼천년기 한국 그리스도교의 영성의 진로", 『제삼천년기 한국교회와 신학』, 101-105면 참조.

자의 외모를 눈으로 보고 사람됨을 느낀다. 한국인들은 감성적으로 체험하고 직관력으로 파악하면서 사람이나 사물 일반을 나름대로 인식한다. 그리고 실재에 대한 이러한 감성적 느낌과 직관적 관조가 상당한 타당성이나 정확성을 지니고 있음을 부인하기 힘들다.

한국 그리스도인의 경우 자신들이 대부분 믿는 신앙의 진리가 지성적으로 옳다고 동의하는 인식 수준에 머물러 있을 뿐, 그 신앙생활이 비신자들에게서 느낌으로나 직관으로 감명과 공감을 자아낼 만큼 심화되어 있는 경우가 희귀하다. 교회 지도자들의 경우도 그 복음의 진리를 말로 설교하거나 가르치는 데 머물 뿐, 자신이 설교하고 가르친 복음의 진리를 생활화하고 있다고 다른 사람들이 느끼게 되는 경우가 드문 것이 현실이다. 지도자들의 영성빈곤 내지 진정성 결여 때문에 일단 입교했던 많은 신자들이 냉담을 하거나 아니면 다른 종교로 개종하는 일이 점증하고 있다.

한국교회가 21세기를 맞이하여 추구해야 할 목표는 '권위주의적 전체주의적 생활양식'은 말할 것도 없고, '방종한 개인주의적인 생활양식'과도 대조되는 '나눔과 섬김의 삶을 사는 형제·자매적 공동체 건설'이다. 이러한 형제·자매적 공동체를 가꾸는 것이 새 천년기의 역사적 상황 속에서 주어진 인류구원과 세계평화를 위한 대안적인 삶의 형태이다. 그런데 이러한 공동체는 구성원의 영성적 심화가 전제되지 않고는 실현되기 힘들다. 진정한 형제·자매적 공동체적 삶이 순간순간을 철저하게 복음적으로 영위하는 점성정신으로 이루어지는 순교영성에 의거 생활화될 때에 비로소 진정한 나눔과 섬김의 삶이 우리 사회와 세계 안에서 점차 확산되면서 영적 빈곤에 시달리는 한국교회가 영적 활력을 지니고 세계의 빛과 소금의 역할을 올바로 수행할 수 있게 될 것이다.

3. 21세기 한국교회의 운명이 걸려 있는 영성의 심화를 위해서 토착화 작업이 절실히 요청된다. 한국교회는 오늘날까지 복음의 진리

를 한국문화와 전통에 깊이 뿌리내리는 토착화를 제대로 이룩하지
못하고 서구교회의 아류 내지 모방교회의 면모를 온전히 벗어 버리
지 못하고 전 영역에서 서구교회에 거의 일방적으로 의존하고 있는
실정에서 새로운 세기이자 천년대를 맞게 된 것이다. 그 때문에 심
지어 한국교회는 외화내빈(外華內貧) 교회의 전형이라는 뼈아픈 지
적이 최근에 와서 교회내외로부터 드물지 않게 일고 있는 것이다.

　2000년대에 노쇠한 서구교회 못지않게 세계적 역할을 수행할 것으
로 기대되는 한국교회는 서구나 다른 지역교회들과의 유대를 긴밀히
유지하는 가운데서도 신학사상과 신심운동 내지 영성생활 양식에서
나름대로의 고유한 면모를 지닐 수 있도록 토착화 작업에 주력해야
할 것이다. 한국교회는 모든 영역에서 서구에서는 깊은 침체의 늪에
젖어 있는 교회 모델에 아직까지 일방적으로 의존해 있으며, 2000년
대를 내다보고 전개하는 사목활동 모델마저도 외국의 것을 그대로
모방하는 수준에서 벗어나지 못하고 있다. 이러한 한국교회의 현실은
실로 부끄러움을 자아내게 한다. 한국교회는 인류의 상황을 염두에
두면서 한국의 정서와 문화 그리고 실정에 적합한 사상, 전례, 사목
모델 등과 함께 영성생활 모델을 정립하고자 노력해야 할 것이다.

　한국인은 체질적으로나 기질적으로 서양인들과 다르다. 서양인들
은 체질적으로나 기질적으로 지성적인 삶을 사는 데 적합하다. 그
때문에 그들은 신앙의 내용도 치밀하게 지성적으로 분석을 하고 이
론화한다. 그리고 서양에서 실제로 열심히 사는 사람들은 자신의 삶
을 이론화된 진리와 일치시키기 위해 노력한다. 그러나 한국인들은
체질적으로 감성과 직관에 더 많이 의존하는 삶을 살고 있다. 그 때
문에 지성을 겨냥하고 이루어지는 교리교육이나 신학교육들은 삶에
서 본질적이라기보다는 보조적인 역할을 할 뿐이다. 신앙생활에서도
핵심적 역할은 감성이나 직관이 담당하고 있는 편이다. 한국인들은
서양인들과는 다른 성격의 신앙적이고 영성적 삶을 살게 마련이다.

동양 내지 한국적 심성에 적합한 종교적이고 영성적 삶을 살아가는 경우를, 지성적 논증보다 직관적 각성에 더 많이 의지하고 이루어지는 선(禪)을 통해 내면적으로 심층적 삶을 사는 불교 수행자들에게서 보게 된다. 하느님은 우리 위에 계신 분도, 세상 밖 피안에 계신 분도 아니시고 '여기서 지금' 우리와 함께 계신 '임마누엘'로서 우리 자신들보다 우리에게 더 내면적인 분이시라는 점을 깨달으면서, 우리 한국인에게 진정 적합한 방법을 통해서 그분을 깨닫고 그분과 긴밀한 일치를 이룩하려는 노력을 마땅히 기울여야 하겠다. 그래서 교회 안에서 초탈한 영성적 분위기가 정착될 수 있도록 비상한 노력을 기울여야 할 과업이 교회 구성원 모두에게, 특히 수도자들에게 일차적으로 부과되어 있다고 본다.

4. 교회는 제2차 바티칸 공의회를 통하여 모든 신자들이 완덕으로 불렸으며, 완덕으로 나아가는 길이 주 예수 그리스도를 모범삼아 뒤따르는 삶임을 강조한다. 그래서 신앙인 누구나 불린 완덕에 이르는 길은 천상적 스승이자 모범인 주 예수 그리스도 오직 한 분이며, 신비적 생활이 비상한 예외적 은총의 결과가 아니라 세례 때 모든 그리스도인들이 받게 되는 은총의 정상적 발전과 완성으로 간주된다. 여기서 제시되는 그리스도교 영성은 예수 그리스도 안에서 드러나고 실현된 완덕으로서의 영성으로써 당신 자신을 인격적으로 계시하시는 하느님의 복음진리에 대해, 신앙인들이 응답적 처신들인 기도와 경신의식(敬神儀式) 그리고 일상적으로 성취되는 복음적 행동을 통하여 점차적으로 하느님과의 일치를 이룩하는 완성의 경지로 나아가게 되는 것으로 파악된다.[17]

순교영성의 핵심도 성령의 도우심을 받아 그리스도를 통하여 성부께 도달하려는 삶을 지향하기 때문에 대체적으로 정화(淨化, purificatio)·조명(照明, illuminatio)·일치(一致, unificatio)의 길의 세 단계를 거치

---

17) 졸문, "제삼천년기 한국 그리스도교 영성의 진로", 85-87면 참조.

게 마련이다. 신앙인 누구나 순교정신으로 세례를 받으면서 죄로부터 탈피하여 정화되려는 노력을 하면서 '그리스도를 힘입어' 그리스도처럼 생각하고 행동하는 조명의 단계를 거쳐, 언제 어디서나 하느님을 추구하고 그분의 현존을 생생하게 의식하고 생활하는 일치의 단계로 나아가게 된다.

남녀 복자 수도회 창설자 무아 방우룡 신부님의 영성사상은 바로 한국교회 순교영성의 정수를 담고 있다고 본다.[18] 순간순간을 복음적 삶을 철저하게 살고자 하는 점성정신(點性精神)에 의해 영위되는 침묵(沈默)과 대월(對越)의 생활을 거쳐 그리스도와 일치하게 되는 면형무아(麵形無我)에 이르는 길을 제시한 이 영성사상은 정화와 조명, 일치로 이루어지는 그리스도교 영성의 모든 요소를 두루 갖추면서 한국 정서와 언어에 적합하게 표현되어 있다. 방 신부님의 훌륭한 토착화된 순교영성이 앞으로 보다 널리 소개되어 이 땅에서 순교영성의 심화가 이루어지는 데 이바지할 수 있게 되기를 충심으로 기원한다.

IV. 맺는 말

구세주 그리스도의 탄생 2000년을 기리는 대희년을 보내면서 우리가 한국 순교자들을 기리며, 순교영성을 심화하고자 이렇듯 나름대로 노력을 기울이는 것은 순교자들께서 피 흘려 세우신 이 땅의 교회 구성원들이 사도 바울로의 말씀대로 "마침내 우리 모두가 하느

---

18) 이진숙,「무아 방유룡 신부의 토착화 영성 사상」, 서강대학교 수도자대학원 1999 참조.

님의 아들에 대한 믿음과 지식에 있어 하나가 되어 성숙한 인간으로
서 그리스도의 완전성에 도달하기"(에페 4, 13) 위해서임과 그리스도
께서 당신의 생명을 희생하여 실현하신 지상에서의 '하느님 나라'
건설에 투신하기 위함임은 두말할 나위가 없다. 21세기를 맞아 한국
교회 안에서 하느님과의 일치 안에서 완덕의 경지에 이르게 하는 한
국 순교영성에 의해 오롯이 하느님 나라 건설에 매진하는 초탈한 영
성적 분위기가 정착될 수 있도록 비상한 노력을 기울여야 할 과업이
교회 구성원 모두에게, 특히 성직자나 수도자와 같은 지도층들에게
부과되어 있다고 믿으며, 한국순교자들의 영성을 기리기 위해 설립
된 한국순교자영성연구소가 정성껏 마련한 이 자리가 교회 구성원
모두의 분발을 촉구하는 뜻 깊은 계기가 되었으면 하고 기원해 마지
않는다.

〈병인박해 150주년 기념 죽산 성지 학술발표회 발표 논문〉

한국순교자영성연구의 중요성

김윤수

I. 들어가는 말

올해로 병인박해가 있은 지도 벌써 130주년이 되었다. 김대건 신부님께서 순교하신 지는 150년, 최양업 신부님께서 탄생하신 지는 175년이 되었다. 숫자에 무슨 특별한 의미가 있는 것은 아니지만 하여튼 그간 우리의 일상에서 까맣게 잊혀졌던 우리의 순교자들에 대한 관심이 다시금 높아지고 있음을 피부로 느낄 수 있다. 물론 아주 鼓舞的인 현상임에는 틀림이 없다. 그러나 한 가지 우려가 되는 것은 現今의 이러한 현상 역시 지난 한국교회의 모습이 그러했던 것처럼 一時的인 것으로 끝나지 않을까 하는 것이다.

한국교회는 교회사 초기부터 많은 위대한 순교자들을 가지고 있다. 이것은 단순한 교회의 자랑거리라는 次元을 벗어나 오늘날 신앙생활을 하는 우리 모든 신자들에게 큰 힘이 되는 것이며 동시에 그러한 순교자들의 모범적인 신앙생활을 오늘날의 우리들도 어떻게든 살아야 한다고 하는 하나의 커다란 課題인 것이다. 더욱이 現時代는 그 동안 많은 세월동안 잊혀졌던 우리 순교자들의 신앙과 그분들의 순교정신이 더더욱 필요한 시기이다. 눈에 보이는 물질적 가치만이 최고의 가치로 여겨지는 現世代에게, 신앙생활을 단순히 취미생활로밖에 여기지 않는 현대의 신앙인들에게, 그리고 하느님을 未開한 神話속의 인물로밖에 취급하지 않는 현대의 모든 사람들에게 우리의 순교자들은 아직까지도 온몸으로 증거하고 계신 것이다. 그러나 그간 우리가 우리의 순교자들에게 보인 관심은 실로 미흡하다. 그저 신자들의 일상과 유리된 교회사적인 학문 연구의 대상으로, 아니면 일시적인 공경의 대상으로밖에 여기지 않은 것이 사실이다.

순교자들에 관계된 어떤 역사적 사실 자체를 규명하는 것이 중요한 것은 아니다. 일시적이며 외적인 공경이나 현양의 표현양식이 꼭 필요한 것도 아니다. 물론 그러한 노력도 중요하지만 가장 중요한 것은 그분들의 순교정신을 깊이 깨달아 오늘날 우리의 삶 속에서 살아가는 것이다.

본고는 이러한 취지에 입각해서 한국 순교자들의 신앙과 영성에 대해 살펴볼 것이다. 본고의 주제가 너무 막연하고 광범위한 것이 사실이며 강연회의 일관된 주제와도 다소 벗어나는 느낌이 없지 않다. 그러나 아직까지 한국 순교영성에 대한 명확한 의미규정이 이루어지지 않고 있는 현실을 감안할 때, 또한 병인박해 순교자들의 신앙과 영성 역시 본고의 주제와 크게 다르지 않고 오히려 포함되는 것이기에 좀 더 포괄적이며 근본적인 주제를 선택하게 된 것이다.

먼저 2장에서는 순교영성에 대해 개략적으로 살펴볼 것이고, 3장에서는 한국 순교영성의 사상적 바탕에 대해서 고찰할 것이며, 4장에서는 그러한 고찰들을 기초로 하여 한국 순교영성의 특성들과 그 현대적 의의를 살펴볼 것이다. 그리고 마지막으로 5장에서 순교영성

의 전망과 우리들의 과제에 대해 몇 가지를 제시하는 것으로 본고를
마치려고 한다.

Ⅱ. 순교영성이란?

1. 殉 敎

순교영성에 대해서 살펴보기 전에 먼저 '순교'라는 단어의 명확한
의미규정이 필요하리라 생각된다. 순교란 말은 "자기가 믿는 종교를
위하여 생명을 바치는 행동"[1], "신앙을 위하여 죽음을 당하는 일"[2]
을 의미하며 '증인'을 뜻하는 희랍어 'μαρτυ?'에서 유래한 말이다.
본래 '순교'와 '순교자'의 원어인 'μαρτυριον'과 'μαρτυ?'는 단순히
증언과 증거자를 의미했지만 이 단어들이 그리스도교에 수용되면서
그 의미가 본질적으로 변하게 되었다.

이 단어는 단순히 증거, 증언만을 뜻함이 아니라 피흘림을 통한
신앙의 증거를 의미하게 되었다. 따라서 그리스도교적 순교는 엄밀
히 세 가지 요소를 포함하는 개념이다. 즉 실제로 죽음을 당해야 하
고, 그 죽음이 그리스도교의 신앙과 진리를 증오하는 자에 의하여
초래되어야 하며, 그 죽음을 그리스도교의 신앙과 진리를 옹호하기
위하여 自發的으로 받아들여야 한다는 내용이 그것이다.[3]

---

1) 이희승, 「국어대사전」 (서울: 민중서림,1981), p.1738.
2) 「한국가톨릭대사전」, (서울: 한국교회사연구소,1989), p.696. 이하 「가톨릭대사
    전」으로 약칭한다.

그러나 이처럼 순교가 단순히 외적인 피흘림을 통한 신앙의 증거만을 뜻했던 것은 아니다. 이미 교부시대부터 광의적 의미의 순교, 다시 말해서 주의 계명과 복음적 삶을 철저히 사는 것 자체도 순교로 보았던 것이다.[4] 비록 피흘림의 순교는 아니지만 하느님의 뜻에 온전히 자신을 맡기고 그분의 뜻을 이루기 위해 많은 것을 포기하며 사셨던 분들, 바로 교회의 오랜 전통 속에서 이미 순교자로 인식되었던 것이다.

성모님을 순교자들의 모후라고 칭하고 있는 것도, 그리고 무혈의 순교자, 혹은 하얀 순교자라고 부르고 있는 많은 성인성녀들, 모두 넓은 의미의 순교자들인 것이다. 결국 순교는 신앙을 위해 목숨을 바치는 물리적이며 협의적인 순교와 비록 피는 흘리지 않더라도 하느님을 위해 많은 것을 포기하며 복음적 삶을 충실히 살아가는 영적이며 광의적인 순교 모두를 포함하는 것이라 할 수 있다.

2. 순교영성(순교정신)이란

그렇다면 순교영성이란 무엇인가? 순교영성에 대해 정확한 의미규정은 이루어지지 않고 있다. 순교영성이란 말은 흔히 순교정신이란 말과 동일한 의미로 사용된다. 곧 순교자들이 하느님을 위해 목숨을 바치기까지의 모든 신앙과 신념과 모범적 삶 모두를 총칭하는 것이

---

3) 가톨릭 대사전, PP.696-697
4) 알렉산드리아의 클레멘스는 "그리스도인은 말과 행동에 있어 밤낮 가릴 것 없이 어디서나 순교 자"라고 하였으며(양탄자, 2,20.) 오리게네스도 "말과 행위로 그리고 어떠한 방법으로든지 진리를 증거하는 이는 순교자라 불릴 수 있다"(요한복음 주석, II, 28)고 하였다. 치쁘리아누스 또한 "한순간에 고통을 당하는 이는 오직 한 번 승리한다. 그러나 언제나 고통 중에 머물고 끊임없이 고통과 투쟁하는 이는 매일 새로운 순교의 화관을 쓴다"(편지, 37, 1)라고 하였다.

다. 즉 오직 하느님을 위해서 많은 것들을, 생명까지도 포기하며 사는 삶, 그리고 그럼으로써 그리스도와 닮은 삶을 사는 것 바로 그것이 순교영성, 순교정신인 것이다.

1) 오직 하느님의 영광을 위하여(I 고린 10, 31)

순교영성의 가장 根底를 차지하는 것은 바로 바오로 사도의 말씀처럼 "오직 하느님의 영광을 위하여"라는 말로 함축할 수 있다. 순교자들은 언제나 하느님을 향해 살았고 그분을 위해 근본적 결단을 내리며 그분에게 모든 것을 바칠 원의 중에 살았던 것이다. 다만 극도의 시련인 물리적 죽음은 순교자들의 그러한, 오직 하느님의 영광을 위한 삶을 세상에 밝혔을 뿐인 것이다.

사실 박해자들에 의해 목숨을 잃지 않고 이 세상을 오랫동안 살다가 떠났을지라도 그분들의 하느님을 향한 마음과 증거적 삶은 변함이 없었을 것이다. 죽든지 살든지 모든 것을 하느님의 영광을 위하여, 그리고 그분의 뜻에 온전히 자신을 맡기고 사는 삶이야말로 순교영성의 가장 근본인 것이다.

> "내가 외국인들과 교섭을 한 것은 내 종교를 위해서였고 내 천주를 위해서였습니다. 나는 천주를 위하여 죽는 것입니다. 영원한 생명이 내게 시작되려고 합니다."[5]

2) 포기함

어떤 것을 포기하든지 간에 포기함 없이 순교는 불가능하다. 실제로 많은 순교자들이 자신의 모든 욕망을 억제하고 하느님의 영광과

---

5) 순교자 김대건 신부에 관한 기록(달레, 한국천주교회사 下, p.119)

그분의 뜻을 따르기 위해 많은 것을, 심지어는 가장 소중한 목숨까지도 포기하였던 것이다. 그리고 어떤 때는 그것을 뛰어넘어 순교하고자 하는 자신의 원의까지도 포기했던 것이다.

> "나는 순명으로 이렇게 얽매어 있지 않고, 내 마음대로 하였더라면 지금은 조선의 내 전교지방에 들어갔거나 아니면 천국의 빨마 가지 위에 앉아 있을 것입니다. 그러나 나는 내가 원하는 대로 하지 않고 다만 하느님께서 원하시는 대로 하겠습니다."[6]

꼭 외적으로 목숨을 버리지 않더라도 하느님을 위해 많은 자리를 비워 놓으며 그분의 뜻을 따르기 위해 많은 것을 포기하는 신앙생활이, 그리고 그러한 신앙의 자세가 바로 순교영성의 특성인 것이다.

3) 그리스도를 닮음

초기 그리스도교 문학 안에서 나타나는 순교의 특성 중 첫째이며 근본적인 측면은 스승이며 주님이신 '그리스도를 본받음이며 따름'이다. 즉 예수 친히 하느님의 탁월한 순교자이시며, 순교자들의 원형[7]이시기 때문이다. 세상의 구원을 위하여 기꺼이 죽음을 당하신 스승을 본받고 닮아 피를 흘리는 제자의 순교는 교회에서 최상의 은혜요 사랑의 최고 증명이라고 여기는 것이다.[8]

따라서 예수 그리스도의 제자들은 소중한 목숨을 바치는 순교가 스승이신 그리스도와 가장 긴밀하게 일치하는 것이며 그분을 가장 가까이 따르는 길임을 깨닫고 그 길을 따랐으며 다른 이들에게도 그 길을 따를 것을 권고하였다. 그러나 이처럼 순교가 그리스도를 본받

---

6) 「최양업신부 서간집」, 임충신 / 최석우 역주(서울: 한국교회사연구소,1984), p.83
7) 「성서신학사전」, (광주: 광주가톨릭대학, 1984), p.322.
8) 교회헌장 42항.

는 행위라고 할 때 그것은 순교자의 고통이 그리스도의 수난과 類
似한 점을 가졌다는 사실 때문만이 아니라, 무엇보다도 순교자의 자
세가 그분의 자세, 즉 사랑을 닮았기 때문이다.[9]

> "그러다가 마음속으로 이런 생각을 하였습니다. '예수 그리스도는 십
> 자가를 지고 길을 가셨는데 내가 왜 이 길을 걷기를 두려워한단 말인
> 가. 아니, 나는 예수를 한 발 한 발 따라 가겠다.' 이렇게 결심하니 기
> 운이 솟아났습니다."[10]

Ⅲ. 한국순교영성의 바탕

한국 순교영성의 특성들을 살펴보기 전에 먼저 한국교회에 나름대
로의 순교영성이 있었겠느냐 하는 문제를 살펴보아야 하겠다. 혹시
파리외방전교회의 영성이나 아니면 당시 유럽에 만연하고 있던 교회
내의 사조들을 그냥 답습한 것은 아닐까? 물론 영향을 받기는 하였
겠지만 온전히 외부에서 주입된 것만은 아님이 틀림없다. 왜냐하면
선교사가 입국하기 훨씬 전에 이미 많은 순교자들이 있었으며 또한
가장 소중한 生死의 갈림길에 있어서 아무 신념과 소신 없이 단순
히 외부에서 流入된 사조나 영성만으로는 순교의 결단까지 이르지
못했을 것이기 때문이다.

즉 천주교가 비록 외부에서 유입된 것이기는 하더라도 받아들인
사람은 바로 한국인이었고 그렇기에 한국적인 신념과 신앙에 의해

---

9) 박재만, "순교 영성의 재발견을 위한 시도"「사목」제155호.
10) 순교자 이경언의 편지(달레, 한국천주교회사 中, pp.144-145)

滋養分을 받고 키워진 순교영성위에서 순교를 선택하게 되었을 것이 분명하다. 따라서 한국적인 순교영성이, 순교정신이 있었음은 再考의 여지가 없다. 아니 오히려 선교사 없이 단순히 서적에만 의존하여 신앙생활을 한 기간이 길기에 나름대로의 한국적인 영성이, 특히 순교영성이 정착할 수 있는 土臺가 마련되었다고 본다.

그러므로 이제 우리 순교자들이 그리스도교의 순교영성을 어떠한 토양 위에서 어떻게 받아들여서 자신들의 순교영성으로, 자신의 가장 소중한 생명과도 바꿀 수 있는 절대적 가치관으로 받아들일 수 있었는지 그 바탕을 살펴보는 것이 필요할 것이다.

1. 忠孝思想

유교에서는 孝에 의해 그 사람됨을 평가하여 孝道하지 않는 자는 자식이라 할 수도 없고 사람이라고도 할 수 없으며[11] 不孝를 가장 큰 죄로 간주하였다.[12] 유교적 孝의 근본정신은 가장 귀중한 생명과 삶을 조건 없이 주시고 극진한 사랑과 은혜를 베풀어 주신 생명의 근원인 부모와 선조께 감사의 응답을 하는 報本과 報恩에 있다.[13]

이처럼 조선의 유교사회는 가족질서라는 기본구조로 되어 있고 그 중에서도 부자관계는 家系의 계승을 통한 가족의 연속적 존재를 가능하게 하는 것이라는 이유 때문에 三綱五倫 안에서도 부자관계의 규범인 孝가 선행적인 윤리척도로 나타나고 있다. 그리고 君臣關係는 父子關係와 더불어 綱常을 이루고 있고 忠도 孝와 같이 기본 도덕규범

---

11) 『孟子』, <離婁>上28: "不得乎親 不可以爲人, 不順乎親 不可以爲子".
12) 『孝經』, <五刑章>: "子曰 五刑之屬三千, 而罪莫大於不孝".
13) 최기복, 「유교의 상례에 관한 연구」 (서울: 성균관대학교석사학위논문, 1979), pp.133 - 134.

으로 받아들여져 왔던 것이다. 부자관계가 親愛의 의미를 지녔다면 군
신관계는 義理로 맺어져 엄중하게 받아들여지고 있었다고 보겠다.

그런데 천주교 신자들은 천주를 만물의 창조주이며 절대자로 받아
들여 왕과 부모의 권위를 초월하는 분으로 이해하였다. 그래서 천주
는 천지만물의 大君大父로 호칭되었고 君上의 명과 父母의 명을 어
기더라도 천주의 명은 어길 수 없다는 천주신앙이 표출되었다. 당시
조선의 유교적 이해에 따르면 백성들은 君上의 은덕으로 살고 보호
된다는 것이었으나 이제 신도들에게는 모든 생명과 삶이 천주의 은
혜와 권능으로 이루어진다고 이해되었으므로 忠孝의 대상이 직접
천주께로 바뀌어졌던 것이다. 천주는 대부모이므로 육친의 부모도
오직 천주를 통해서만 그 의미를 인정받을 수 있게 된 것이다.[14)

> "천주는 모든 사람의 아버지시고 모든 피조물의 주인이신데, 어떻게
> 그분을 배반하라고 그러십니까. 이 세상에서도 누구든지 부모를 배반하
> 는 사람은 용서를 받지 못할 것입니다. 그러니 우리 모든 사람의 아버
> 지가 되시는 분은 더구나 배반해서는 안 됩니다."[15)

> "그분은 온 세상의 가장 높으신 임금이요 아버지이십니다. 홀로 천주
> 께서 하늘과 땅과 천신과 사람과 그 외 모든 것을 창조하셨습니다. ……
> 아버지를 섬기지 않는 자식과 임금님을 섬기지 않는 백성은 불효 불충한
> 자들입니다. 사람인 이상 어찌 천주를 섬기지 않을 수 있겠습니까."[16)

물론 순교자들의 이러한 대군대부 의식은 당시 박해자들이 천주교
신자들을 無父無君의 무리로 규정짓고 공격하는 데 대한 反論이기
도 하다. 즉 군부의 권위가 절대적인 것으로 인식되던 당시의 상황

---

14) 김정수, "어제의 한국 천주신앙"「전망」제81호, p.89.
15) 순교자 권데레사의 심문내용(달레, 한국천주교회사 中, pp.93-94.)
16) 순교자 이경언 바오로의 편지 중(달레, 한국천주교회사 中, pp.146-147)

에서 무부무군이란 규정은 사회에서 더 이상 용납될 수 없었으며 이에 대해 신자들은 자기 신앙의 최고 대상인 하느님을 대군대부로 규정함으로써 박해자의 이론에 맞서며 자신의 신앙을 옹호하려 했던 것이다.17)

그러나 이러한 호교적인 동기에도 불구하고 한국의 순교자들은 대군대부이신 하느님께 대한 충효를 당연한 것으로 여겼으며, 대군대부께 대한 不忠不孝는 결코 용납될 수 없는 것이므로 하느님을 배반할 수 없다고 생각했고, 따라서 대군대부이신 하느님께 대한 충효를 실천하기 위해 순교까지도 사양하지 않았던 것이다. 결국 한국의 순교자들은 충효를 존중하던 문화풍토 속에서 하느님께 대한 그들의 인식을 심화시켰고 그 신앙을 증거하고 실천하는 데에도 자극을 주었던 것이다. 즉 다소 이국적이고 생소한 천주신앙을 충효라고 하는 자신들의 가치관 위에서 좀 더 자연스럽고 지극히 당연한 것으로 받아들일 수 있었던 것이다.

2. 節 槪

옳은 일을 위하여 뜻을 굽히지 아니하는 기개를 절개, 또는 지조라고 하며 이것 역시 당시의 유교적 사회질서 속에서 중요한 가치관의 하나로 받아들여졌었다. "충성된 신하는 두 임금을 섬기지 않고 열녀는 두 남편을 섬기지 않는다."(忠臣不事二君 烈女不便二夫)라는 말 속에 함축되어져 있는 이러한 절개의 정신은 당시에 널리 알려져 있었으며 중요한 도덕률의 하나로 인식되었던 것이다.

그러나 공자나 맹자의 말씀에는 이 같은 도덕률이 지저되어 있는

---

17) 조광, "박해시대의 하느님 인식"「사목」제124호, pp.26-27.

곳이 전혀 없는 것에 주목해야 한다. 사실인즉 이 말은 전국시대 제나라 충신 王燭이 옛날부터 전해 내려온 말을 인용해서 자기의 뜻을 밝힌 것인데, 이것이 뒷날 왕권과 남자의 가장권이 확립되면서 신하들과 여자들에게 지나치게 강조된 나머지 마침내는 꼭 지켜야 할 가장 중요한 신조처럼 되고 말았다.[18]

더욱이 후대에 오면서 절개의 정신은 다소 편협하며 맹목적으로 이해되기도 하였다. 즉 옳은 일을 위해서만이 아니라 한 번 먹은 마음을 바꾸거나 굽히지 않는 것으로, 다시 말해서 義를 위해서만이 아니라 한번 선택한 것이 설사 옳지 않더라도 그 뜻을 굽히거나 변경하지 않고 初志一貫하는 것 자체가 義로 인식되기도 하였다.

이러한 절개의 정신이 우리 순교자들의 순교영성에도 영향을 끼쳤음은 의심의 여지가 없다. 더욱이 그리스도교의 진리가 절대적인 진리이며 하느님의 義를 따르고 실천하는 것을 가장 큰 가치로 여겼던 우리의 순교자들은 어떻게 해서든 하느님께 대한 절개를 지키려고 했으며 그와 반대되는 행위인 배교는 가장 큰 수치요 죄악으로 인식했던 것이다.

> "충신은 두 임금을 섬기지 않고, 열녀는 두 지아비를 따르지 않습니다. 사또께서는 임금님의 명령을 어길 생각을 하시겠습니까. 또는 감히 임금님을 배반하시겠습니까. 저도 천주의 명령을 거역하기를 원치 않습니다."[19]

> "순경에 있을 때에는 왕을 섬기다가 역경에 처해서는 왕명을 어기는 자가 있다면 그는 비겁한 자일 것입니다. 모든 것이 순조로울 때에만 진리를 따르고 어려운 세월을 당하면 그것을 버리는 자는 그보다 더 비겁한 자입니다. 관장님은 법대로 처리하십시오. 저는 제 신념을 따라 행동하겠습니다."[20]

---

18) 『故事名句名言事典』(서울: 평범사,1984), pp.561-562.
19) 순교자 김광옥의 증언(달레, 한국천주교회사 上, p.517)

따라서 힘겨운 박해 속에서도, 고문의 순간에도, 죽음 앞에서도 결코 하느님께 대한 一片丹心을 굽히지 않고 변호하며 절개를 지킬 수 있었던 것이다.

3. 義를 위한 죽음

공자는 "志士와 仁人은 살기 위하여 仁을 해치는 일이 없고 몸을 죽여 仁을 이룩하는 일은 있다."[21]고 하였으며 맹자는 "生도 내가 원하는 것이고 義도 내가 원하는 것인데, 이 두 가지를 함께 얻을 수 없으면 生을 버리고 義를 취할 것이다."[22]라고 하였다.

우리의 선조들은 예로부터 이러한 사고바탕 위에서 자신의 신념이나 가치관, 사회의 善을 위해 목숨을 바치는 것을 가장 큰 德으로 여겼다. 그리고 그렇게 실천한 사람들을 세세대대에 걸쳐 본받아야 하고 칭송해야 할 사람으로 公的으로 지정하기도 하였다. 물론 그러한 신념과 가치관, 사회의 善 등은 시대에 따라 장소에 따라 다르게 나타남은 물론이며 그 강조점 또한 다르게 나타난다. 그러나 중요한 것은 자신의 가장 중요한 생명을 바쳐 자신의 신조와 신념을 지켰다고 하는 것이다. 이러한 例는 우리의 역사와 전통에서 자주 볼 수 있다.

임금을 위해 목숨을 바친 忠臣들과 부모를 위해 자신의 생명을 바친 자녀들, 여자의 정조를 중시하던 시대에 자신의 정조를 지키기 위해 스스로 목숨을 끊은 烈女들, 심지어는 주인을 살리기 위해 자신의 목숨을 바친 동물들에 이르기까지 그 예는 이루 말할 수 없이

---

20) 순교자 신태보의 편지(달레, 한국천주교회사 中, p.127)
21) 『論語』<衛靈公> 八: "志士仁人 無求生以害仁 有殺身以成仁"
22) 『孟子』<告子章句> 上 十: "生亦我所欲也 義亦我所欲也 二者 不可得兼 舍生而 取義者也"

많다. 즉 義를 위해서라면 자신의 하나밖에 없는 목숨이라도 기꺼이 바칠 수 있었으며 더욱이 그러한 신념의 행위자체를 義의 완성으로 보았던 것이다. 이처럼 義를 위한 죽음은 이미 천주교가 전래되기 전부터 오랜 전통 안에서 우리 선조들의 정신세계를 지배하고 있었으며 가장 고귀한 덕의 실천으로 인식되어 왔다.

따라서 그리스도교를 참 진리로 받아들였던 우리의 순교자들은 이러한 전통적 사조 위에서 하느님의 義를 실천하기 위해, 그리스도교의 진리를 증거하기 위해 자신의 목숨을 기꺼이 바칠 수 있었다. 즉 특정 지역과 특정 시대에 의해 한계 지어졌던 세속적이며 현세적인 상대적 가치를 위해서도 목숨 바치는 것을 중요한 德으로 보았던 우리의 순교자들에게 보다 더 절대적이며 영원한 가치로 인식되었던 하느님의 義를 위해 순교하는 것은 지극히 당연한 일이요 인간된 도리로 여겨졌던 것이다. 더욱이 우리의 순교자들에게 있어서 하느님의 義를 위한 죽음, 곧 순교는 진리의 근원인 하느님으로부터 내세의 영복을 약속받는 것이었기에 더더욱 당연한 것으로 받아들일 수 있었던 것이다.

4. 浮世思想

세상을 헛된 것으로 보는 부세사상은 현세를 중시하는 당시의 유교사회에서는 다소 독특한 사상으로 생각되어질 수도 있으나 한국인의 심성 속에 면면히 내려오는 순환적세계관을 생각할 때 그리 낯선 사상이 아님을 알 수 있다. 박해시기의 이러한 부세사상의 형성 요인은 외적인 요소와 내적인 요소의 두 가지로 볼 수 있다. 먼저 외적인 요소로는 당시의 사회경제적 요인을 들 수 있겠다.

관료들의 부정부패와 그로 인한 서민들의 피폐한 삶, 민란과 전염병과 흉년 등은 백성들로 하여금 세상에 대해 懷疑를 품게 하였다. 즉 심각한 사회악과 사회적 모순의 확대와 정신적 空虛 등이 백성들에게 세상의 덧없음을 절절히 깨닫게 하였던 것이다. 내적인 요소로는 세상과 인생에 대한 개개인의 체험적 요인을 들 수 있겠다. 인간은 항상 완전하며 영원하고 절대적인 진리를 추구하게 되어 있으나 현세에서 그러한 진리를 완전히 소유할 수는 없음을 체험적으로 깨달았던 것이다. 더욱이 죽음에 의해 한계 지어지는 인생을 생각할 때 부세사상은 더욱 심화될 수밖에 없다. 따라서 이러한 내외적인 요소들로 인한 부세사상으로 말미암아 우리의 순교자들은 자연스럽게 덧없는 이 세상을 초월하여 더욱 궁극적이고 영원하며 절대적인 세상을 希求하게 되었으며 그러한 요구에 명확한 내세의 영복을 제시하는 그리스도교를 굳은 신념으로 받아들일 수 있었던 것이다.

"인생이란 사라져 버리는 이슬과 같은 것이 아닙니까. 인생은 나그네 길이요, 죽음은 고향으로 돌아가는 것에 지나지 않습니다."[23]

"봄과 가을은 흐르는 물과 같이 지나가고, 세월은 부시로 치는 돌에서 튀어나오는 불똥과 같아서 길지 못합니다."[24]

"간절히 부탁하니 모든 일에 천주 성의를 따르고 지난 모든 일을 뉘우치고 이 세상을 일장춘몽으로 알고 영원한 나라를 당신의 참 본향으로 여기시오, 아아, 나는 어떻게 이렇듯이 허무한 세상을 그리 중하게 여길 수가 있었던고"[25]

---

23) 순교자 박취득의 증언(달레, 한국천주교회사 上, p.412)
24) 순교자 박취득의 편지(달레, 한국천주교회사 上, p.415)
25) 순교자 이경언의 편지(달레, 한국천주교회사 中, p.156)

우리의 순교자들이 이러한 부세사상 위에서 순교영성을 키워간 것
이 사실이지만 그렇다고 현세를 비관하는 염세주의를 지향했다거나
내세만을 바라고 현세를 완전히 멸시하지도 않았다. 즉 당시에 만연
하던 부세사상을 그리스도교의 내세사상에로 자연스럽게 승화시켰으
며 더욱이 현세의 의미를 내세와의 관계 속에서 이해했던 것이다.

Ⅳ. 한국순교영성의 특성과 현대적 의의

1. 孝悌로서의 愛主愛人

한국의 순교자들이 忠孝를 존중하던 문화풍토 속에서 어떻게 하느
님에 대한 그들의 인식을 심화시켰고 그 신앙을 증거하고 실천하는
데에도 자극을 받았는지는 위에서 살펴보았다. 이제는 좀 더 세부적
으로 우리의 순교자들이 한국의 전통가치관인 孝와 悌로서 어떻게
그리스도교의 愛主愛人을 실천할 수 있었는지 살펴보도록 하겠다.

1) 하느님 사랑으로서의 孝

우리의 순교자들은 하느님 사랑과 孝를 결코 다른 것으로 보지 않
았으며 오히려 더욱 근본적이며 絶對的인 孝로 보았던 것이다. 즉 부
모님을 섬기고 부모님의 뜻을 奉養해야 함은 자식 된 도리이지만, 육
신의 부모께 대한 孝보다 더 중요한 것은 天地大君이시며 대부모이
신 하느님께 대한 孝라고 생각했다. 이러한 孝의 실행방법으로 儒家

에서는 크게 身體保全, 養志, 立身行道 등 세 가지를 말하고 있다.

(1) 身體保全의 孝

孝經에 '사람의 몸뚱이와 머리카락과 피부는 모두 부모에게서 받은 것이므로 감히 이것을 상하게 하지 않는 것이야말로 효도의 시작26)이라 하였다. 즉 자기의 몸은 全的으로 부모에게서 물려받은 것이므로 자식 된 자는 제 몸을 아끼고 소중히 여겨서 조금도 상하지 않게 하는 것이 효도의 시작이라고 본 것이다. 이는 언뜻 보기에 순교자들과는 전혀 부합하지 않는 것처럼 보인다. 사실인즉 순교자들은 신체를 보존하기는커녕 오히려 목숨까지도 과감히 내어버린 사람들이기 때문이다. 그러나 이는 편협한 해석에 불과하다. 신체보전의 孝에서 중요한 것은 자신의 신체가 전적으로 부모님께로부터 물려받았기 때문에 중시해야 한다는 것이지 신체의 보전여부 자체가 중요한 것은 아니다.

그리고 자신의 신체를 희생하여 부모님께 대한 孝를 실천하는 것을 큰 德으로 생각하였던 것도 사실이다. 우리의 순교자들 역시 자신의 존재가 대부모이신 하느님께로부터 조성된 것이므로 자신의 임의대로 해할 수 없는 것임을 깊이 인식하고 있었으며 생명의 소중함도 다른 어느 것보다 절실히 느끼고 있었다.

> "그는 집안사람들에게 이렇게 격려하였다. '우리는 각각 죽음을 당할 준비를 해야 한다. 그러나 천주의 뜻이 어떤지를 모르는 만큼 할 수 있으면 박해자들을 피하도록 해야 한다.'" 27)

그러나 자신의 생명과 신체는 전적으로 하느님께서 선물로 주신

---

26) 『孝經』, <開宗明義章>: "身體髮膚 受之父母 不敢毀傷 孝之始也"
27) 순교자 이재행에 관한 기록(달레, 한국천주교회사 中, p.176)

것이기에 하느님께 대한 孝를 실천하기 위해 자신의 생명과 신체를
희생하는 것을 두려워하지 않았으며 오히려 하느님께 대한 孝의 완
성으로 보았다.

"마음속에 예수의 오상을 깊이 새겨 두십시오. 천주님께 사랑으로
사랑을 갚고 목숨으로 목숨을 갚으십시오."[28]
"여러분은 우리를 비웃지 마시오. 사람이 세상에 나서 천주를 위하여
죽음은 당연한 일이요 공심판 때 우리들의 울음은 즐거움으로 변할 것이
요, 여러분의 기쁜 웃음은 변하여 참된 고통이 되리니 웃지들 마시오."[29]

(2) 養志하는 孝

양지의 孝는 의식주 전반에 걸쳐 불편이 없도록 하는 養口體는
물론이요, 기쁜 마음으로 奉養하며 부모의 뜻을 정성으로 받드는 것
이다.[30] 즉 부모의 뜻을 항시 잊지 않고 부모의 덕행을 실천하고 부
모가 생전에 의도하는 바나 그 遺志를 잘 이어가는 것을 말한다. 이
것은 우리 순교자들에게서 아주 두드러지게 나타나는 것이다. 吉凶
禍福 모든 것을 하느님의 뜻 안에서 이해했으며 그분의 義를 실천
하고 그분의 뜻을 따르려고 했다.

"그러는 동안 (金)바오로는 아주 조용한 목소리로 '아버지, 아버지께
서 아무리 이렇게 극단의 일을 하시더라도, 저는 아버지의 명령을 따르
기 위해 하늘에 계신 우리 아버지의 계명을 어길 수는 없습니다' 하고
말하였다."[31]

"우리는 우리 구원을 위하여 온갖 희생을 당합니다. 우리는 역경이

---

28) 순교자 이문우의 편지(달레, 한국천주교회사 中, p.536)
29) 순교자 정약종에 관한 기록(황사영,帛書: 성지배론관리소, p.20)
30) 『論語』, <爲政> 7; 『孟子』, <離婁> 상20.
31) 순교자 金바오로에 관한 기록(달레, 한국천주교회사 中, p.192)

나 순경이거나, 모든 것을 천주의 섭리로 생각합니다."[32]

"무엇 때문에 이렇듯 비탄에 잠길 필요가 있소이까. 모든 일이 천주
님께로부터 오는 것이 아닙니까. 당신들이 천주님의 자애로우신 섭리를
믿는다면, 도대체 무슨 까닭으로 슬픈 마음을 가지는 것입니까."[33]

(3) 立身行道하는 孝

입신행도의 孝는 修身하고 道를 행하여 떳떳한 사람으로 살아감
으로써 이름을 빛내고 부모께 영광을 드리는 것이다.[34] 즉 신체를
잘 보존하는 것과 부모의 뜻을 잘 받들고 순종하는 것에 더불어 몸
을 세워 道를 행하여 자기의 명예는 물론 그의 부모와 가문까지 빛
내야 하는 것이 바로 입신행도의 孝인 것이다. 이것 또한 우리의 순
교자들에게서 너무나 잘 보여지고 있는 것이다.

본고 서두에서 이미 살펴본 바와 같이 순교정신, 순교영성의 가장
큰 특징 중 하나가 "오직 하느님의 영광을 위하여"라는 것은 주지의
사실이다. 기실 우리의 순교자들은 비록 목숨을 바칠지언정 하느님
의 義를 실천하고 그분께 영광을 드리는 것을 최고의 명예로 여겼
던 것이다.

"천주를 위하여 죽는 것은 자기 영혼에 영원한 영광을 보증하는 것
입니다."[35]

"사람이 무엇 하러 이 세상에 태어났습니까. 사람의 가장 큰 도리는
천주를 공경하고, 자기 영혼을 구하고, 천국을 얻는 것입니다. 만약에 이
큰 본분을 채우지 않고 세월을 허송한다면, 살아서 무엇 하겠습니까."[36]

---

32) 순교자 김종한의 편지(달레, 한국천주교회사 中, p.80)
33) 순교자 최경환의 증언(달레, 한국천주교회사 中, p.431)
34) 『孝經』, <開宗明義章>: "立身行道 揚名於後世 以顯父母 孝之終也"
35) 순교자 이도기의 증언(달레, 한국천주교회사 上, p.402)

2) 兄弟愛로서의 悌

유가에서는 孝와 悌를 결코 다른 것으로 보지 않았으며 悌를 孝의 실천 내지 확산으로 보았다.[37] 더구나 茶山 또한 孝에 못지않게 悌를 강조하였다. 즉 형제는 나와 같은 부모의 遺體요 나의 肢體이며 더구나 다른 나인데, 이러한 형제에게 悌하지 않는 것은 부모를 사랑치 않기 때문이라는 것이다. 또한 그는 悌와 孝를 별개의 것으로 보지 않고 효도의 일종으로 보았다.[38]

우리의 순교자들 역시 사람을 사랑해야 될 이유로서, 모든 이는 천주의 자식이기 때문에 형제같이 지내야 함을 말하고 있다. 그리고 인간은 인간의 인품이나 재능, 덕행을 사랑할 것이 아니라, 인간 자체가 창조된 동일한 피조물이며 '사람 된 위(位)'를 가지고 있기 때문에 사랑해야 됨을 역설하였다. 당시의 신도들은 모든 사람을 천주의 모상으로 보아 자기와 같이 사랑해야 하고 사람을 사랑하거나 미워함이 천주를 사랑하고 미워함이 되는 것으로 교육받고 있었던 것이다.[39] 즉 순교자들의 형제애와 애덕의 행위들의 중심에는 항상 하느님께 대한 사랑과 효도의 정신이 숨어있었던 것이다. 그리고 그렇기에 어려운 박해의 상황에서도, 더욱이 감옥생활과 고문의 순간에도 서로를 위로하며 도울 수 있었던 것이다.

결국 孝와 悌가 서로 다른 것이 아니듯 우리의 순교자들 역시 하느님 사랑과 사람사랑이 서로 다른 것이 아님을 깊이 인식하였으며 바로 그러한 하느님의 사랑 위에서 사람들을 사랑하였던 것이다.

---

36) 순교자 김종한의 편지(달레, 한국천주교회사 中, p.77)
37) 최기복, "朝鮮朝에 있어서 天主教의 廢祭毀主와 儒教祭祀의 根本意味"『韓國教會史論叢』, pp.85－87.
38) 최기복, "조선조 천주교회의 제사금령과 다산의 조상제사관"『한국교회사논문집 II』, pp.169－170.
39) 조광, "조선후기 천주교사 연구" (서울:高大民族文化硏究所,1988), p.107

"지체를 사랑하는 것은 곧 머리를 사랑하는 것입니다. 이제 천주를 사랑하면 사람들을 사랑할 것이고, 사람들을 사랑하면 천주를 또한 사랑하게 될 것입니다."[40]

이상에서 愛主愛人으로서의 孝悌를 살펴보았다. 당시의 유교사회에서 孝와 悌가 얼마나 엄격하게 준수되었는지는 주지의 사실이다. 오히려 너무 엄격하게 지켜졌기에 오늘날에 와서 허례허식이라는 비판을 면치 못하고 있다. 우리의 순교자들은 이러한 엄격한 孝悌정신을 자연스럽게 그리스도교적 애주애인의 정신으로 승화시켰으며 그러한 孝悌정신에 의해 하느님 사랑과 사람 사랑을 실천하며 사셨다. 즉 하느님께는 지극한 부모님께 대한 사랑을, 그리고 하느님께 대한 지극한 사랑을 바탕으로 이웃들에게는 지극한 형제적 사랑을 실천하며 사셨으며 그것이 바로 증거의 삶이 되었던 것이다.

어려운 상황에서도 기쁘게 서로를 돕고 위로했으며 이러한 모범적인 삶으로 인해 박해의 시기임에도 불구하고, 더욱이 마음 놓고 전교할 수 있는 상황이 아니었음에도 불구하고 신자들의 數가 줄지 않았던 것이다. 신앙과 삶이 분리된 오늘날의 우리들, 삶으로써가 아니라 입으로만 전교하려는 오늘날의 우리들에게 커다란 의미를 던져주고 있는 것이다.

2. 純眞無垢性

孝悌 못지않게 우리 순교자들에게서 두드러지게 나타나는 영성의 특징 중 하나가 바로 순진무구성이다. 우리 순교자들의 서간 어디를

---

40) 순교자 김종한의 편지(달레, 한국천주교회사 中, pp.80-81)

보더라도 꾸밈없는 단순 소박한 마음을 볼 수 있다.

> "남녀를 막론하고 천성적으로 매우 정열적이고 명랑하며 적극적이다. 나약하거나 비겁하지도 않다. 중국인 못지않게 거짓말도 잘하지만, 보다 솔직하고 단순하다. 강직하고 근엄한 성격이 그들을 더욱 우수한 민족으로 평가하게 하며, 일단 개종하고 난 후에는 자신의 구령에 절대적이다."[41]

> "따로 따로 행해지는 이런 작은 박해로 저희들의 성무집행이 어렵기는 하지만, 저희들에게 첫영성체의 즐거웠던 날들을 회상케 하는 우리 신자들의 열심, 그들의 생생한 신앙, 순박한 신심, 진실한 뉘우침, 영적인 기쁨, 거룩한 묵상, 눈물, 한 마디로 말해서 선교사의 마음을 기쁘게 해 줄 수 있는 모든 것이 저희들에게 풍부한 위로를 안겨 줍니다."[42]

그리고 이러한 순진무구성은 "너희가 생각을 바꾸어 어린이와 같이 되지 않으면 결코 하늘나라에 들어가지 못할 것이다"(마태 18,3)라고 하신 예수님의 말씀처럼 어린이들에게서 가장 잘 드러난다. 따라서 어린이들에게서 나타나는 순진무구성의 특징들을 살펴봄으로써 완덕의 길에 순진무구성이 왜 필요하며 또 우리의 순교자들은 그것을 어떻게 실천하며 사셨는지 살펴보겠다.

첫째, 어린이들은 특별히 자폐아나 정신적 질환을 겪고 있는 아이들을 제외하고는 부모님 말이라면 무엇이든 굳게 믿는다. 우리의 순교자들 역시 하느님을 대군대부모로 알고 그분이 명하신 모든 계명과 진리를 현세의 여러 정황으로 볼 때 쉽게 믿을 수 없는 것임에도 불구하고 굳게 믿고 따랐다. 그리고 그러한 단순하지만 굳건하며 절대적인 믿음 위에서 기꺼이 하느님을 위해 목숨까지도 과감히 내

---

41) F. Baudry, Vie Henri Dorie(Poitiers:Henri Oudin, 1867), pp.169-170. 김정옥, "박해기 선교사의 한국관" (한국교회사논문집 Ⅱ), p.717에서 재인용
42) 순교자 다블뤼 주교의 편지(달레, 한국천주교회사 下, pp.202-203)

어놓을 수 있었던 것이다.

둘째, 어린이들은 부모 곁에서는 아무것도 두려워하지 않는다. 우리의 순교자들 역시 늘 자신들의 일상 안에서 하느님의 現存을 느꼈으며 따라서 늘 인간을 善으로 이끌어 주시는 하느님 곁에서 아무것도 두려워하지 않았다. 빈궁하고 고통스러운 현세의 삶에서도, 고문을 받는 중에도, 형장으로 끌려가는 순간에도, 더욱이 치명의 순간에도 대군대부이신 하느님의 보호하심을, 그분의 약속을 믿어 의심치 않았던 것이다.

> "형제들, 용기를 내시오. 주의 천사가 손에 금으로 된 자를 쥐고 당신들의 모든 발걸음을 재고 세고 하는 것을 보시오. 우리 주 예수 그리스도께서 당신들 앞장을 서서 십자가를 지고 갈바리아로 나아가시는 것을 보시오."43)

> "모든 것을 아시는 천주 앞에서 왜 불안해 할 필요가 있겠습니까."44)

셋째, 어린이들은 항상 그리고 아주 사소한 것에도 기뻐한다. 대군대부이신 하느님의 약속을 그분의 보호하심을 굳게 믿고 따랐기에 우리의 순교자들은 늘 감사하며 기쁘게 생활할 수 있었다. 현세의 가치나 판단으로 볼 때는 참혹한 상황에서도 하느님을 찬미하며 그분께 감사하며 일상을 기쁘게 사실 수 있었던 것이다.

> "모든 특은이 나 한사람 위에만 무더기로 쏟아지는 것 같습니다. 내 온 몸이 입술로 변한다 하더라도 어떻게 천주의 찬미를 넉넉히 부를 수 있겠습니까. 여러분 교우들은 내 대신으로 주께 감사를 드리고, 또 드려주기 바랍니다."45)

---

43) 순교자 최경환의 기록(달레, 한국천주교회사 中, p.422)
44) 순교자 이문우의 편지(달레, 한국천주교회사 中, p.533)

"그 옥에는 여러 외교인 죄수들이 있었고 그 중에는 金이라는 선비도 있었는데 黃石之 베드로의 거동과 얼굴에 거룩한 기쁨이 넘쳐흐름을 보고 모두 놀라 말하였다. '누구나 다 갚아야 할 잘못이 있는데 어째서 이 노인은 죽음을 무서워하기는커녕 오히려 죽게 되는 것을 기뻐하는가.'"[46]

결국 어린이들에게 있어서와 마찬가지로 대군대부모이신 하느님은 우리 순교자들에게 있어서 가장 든든한 보루요 안식처이며 온갖 애정의 대상이었던 것이다. 즉 어린이와 같은 단순하고 소박한 마음으로 하느님의 말씀과 그분의 보호하심을 굳게 믿고 그분께 전적으로 의탁하여 기쁨의 삶을 사셨기에 그리스도교 완덕의 절정이라 할 수 있는 순교에까지 이를 수 있었던 것이다.

복잡하고 세분화되고 다원적인 현시대에서 어린아이와 같은 단순한 마음, 단순한 믿음은 어리석어 보일지도 모른다. 더욱이 신학은 발달했지만 신앙은 쇠퇴해 가고 있는 현시대에서 혹자는 그러한 믿음을 맹목적이며 광신적인 믿음이라고 비난할 지도 모른다. 그러나 그렇다면 우리가 고백하는 우리의 신앙은 무엇인가? 우리 신앙의 대상이 확실히 하느님인가?

그리스도교의 신앙은 항상 절대적이며 전적일 것을 요구한다. 그리고 우리는 자유로운 의사로 그리스도교에 입교함으로 해서 하느님께서 계시하신 진리를 전적으로 믿고 따를 것을 고백했다. 우리의 순교자들이 고백한 신앙의 내용과 오늘날 우리가 고백하는 신앙의 내용은 결코 다르지 않다. 한 가지 다른 것이 있다면 그분들은 고백한 신앙을 입으로만이 아니라 단순하고 소박한 마음으로 실제로 믿고 따랐으며 오늘날 우리는 입으로는 신앙을 고백하되 실제로는 전

---

45) 순교자 이경언의 수기(달레, 한국천주교회사 中, p.153)
46) 7달레, 한국천주교회사 中, p.199

혀 믿지 않는다는 것이다. 그리고 믿는다 하더라도 우리에게 편한 것만 우리에게 유리한 것만 선별하여, 아니면 우리 식으로 해석하여 하느님의 계시진리가 아닌 우리의 계시진리로 뒤바꿔서 믿고 있는 것이다. 입으로 고백한 신앙을 실제로도 믿는 것이 과연 맹목적이며 광신적인 믿음인가?

어린이와 같은 단순하며 소박한 마음이 없이는, 순진무구성이 없이는 하느님께 대한 굳건한 믿음을 가질 수 없다. 순진무구한 마음이 있을 때에만 하느님께서 계시하신 진리를 참 진리로 받아들일 수 있다. 순진무구한 마음을 가질 때에만 하느님의 섭리에 기댈 수 있으며 그 안에서 위안과 위로와 평화를 누릴 수 있다. 순진무구한 마음이 없이는 겸손, 온유 등과 같은 그리스도교의 다른 덕목들도 가능하지 않다. "마음이 가난한 사람은 행복하다. 하늘나라가 그들의 것이다."(마태 5,3) 마음이 가난한 사람이 바로 어린이와 같은 사람이며 또한 순진무구한 마음을 소유한 사람이다.

3. 하느님 나라의 渴望

우리 순교자들의 순교영성 중 또 한 가지 두드러지는 특징은 바로 하느님 나라에 대한 갈망이다. 그리고 순교할 수 있었던 가장 큰 원동력도 사실은 이 하느님 나라에 대한 갈망이었다고 볼 수 있다. 즉 현세는 지나가는 주막, 인간은 언젠가 떠나야 할 나그네이므로 더 영원한 천국을 바라고 살아야 한다는 것이다. 따라서 현세와 육체의 의미는 내세와 영원한 삶을 위한 준비단계로서만 의미를 부여받게 된다.

"저는 다시 같은 모양으로 죄를 짓기보다는 추위로 얼고 굶주림으로 고생하는 것이 더 낫습니다. 그뿐 아니라 잠시 지나가는 이 세상의 괴로움을 잘 참아 받음으로 저는 죽은 뒤에 하늘에서 영원한 행복을 누릴 수 있게 될 것입니다."[47]

물론 本鄕이라고 불리는 내세에서의 천국과 잠세라고 칭해지는 現世, 영생하는 영혼과 소멸되고 마는 육신이라고 하는 우리 순교자들의 二分法的인 사고에 대한 비판의 소리가 없지 않다. 그러나 결코 한쪽을 완전히 배제하지 않는다면 이러한 사고 자체가 유해하다고는 생각지 않는다. 그리고 실제 우리 순교자들 역시 현세를 완전히 배제하고 내세를 지향했던 것만도 아니며 육체를 완전히 배제하고 영혼만을 고집했던 것도 아니다. 당시 서구의 시대적 사조는 차치해 두고라도 단지 더욱 영원한 것을 더욱 근본적인 것을 찾았기에 내세와 영혼에 강조점을 두었던 것뿐이다. 즉 현세의 삶도 또한 육체도 죽음이라고 하는 인간의 한계상황에서는 유한한 것임을 절실히 깨달았기에 필연적으로 하느님께서 약속하신 천국과 영원한 삶을 더욱 갈망하였던 것이다.

오늘날 많은 이들이 하느님 나라를 갈망하는 내세지향적인 순교자들의 이러한 사고에 대해 비판을 가하고 있는 것이 사실이다. 천국을 희망하는 것이 시대에 뒤떨어진 사고처럼, 다소 고루하고 진부한 영성사의 잔재처럼 치부하고 있다. 물론 거기에는 종말론에 대한 활발한 현대신학적 해석 또한 대단한 기여를 한 것이 사실이다. 장소적이며 시간적인 개념이 아닌 것, 그리고 "이미 그러나 아직" 완성되지 않은 것 등의 표현으로 말미암아 그리스도교의 종말론은 새로운 옷을 갈아입게 되었다. 그러나 여기에서 주의해야 할 점은 종말론에 대한 이러한 현대적 해석이 결코 내세 자체를 부정하는 것은 아니라는

---

47) 순교자 장성집의 증언(달레, 한국천주교회사 中, pp.416-417)

것이다. 오히려 그리스도교적 종말론에 새로운 해석을 가함으로 해서 더욱 포괄적이며 적극적인 종말론을 제시하고자 했던 것이다.

그러나 그럼에도 불구하고 현시대의 신앙인들은 이러한 현대신학적 해석에 자신들의 해석까지 가미하여 내세를 불신하고 있으며 또 실제로도 많은 신앙인들이 내세의 천국은 무시한 채 마음의 천국, 현세의 천국만을 지향하고 있다. 현시대를 살아가는 오늘날의 신앙인들 과연 무엇을 희망하며 살아가고 있는가?

그리스도교의 영성은 크게 두 가지로 구별하여 볼 수 있다. 내세지향적인 終末的 영성과 현세에 더욱 강조점을 두는 肉化的 영성이 그것이다. 시대에 따라 다소 강세의 차이는 있지만 두 영성은 항상 존재해 왔다. 그리고 강조된 영성에 따라 구원관 역시 다른 모습으로 나타남을 알 수 있다. 즉 종말적 영성을 강조하는 시기에는 개인적 구원이 중시되었으며 육화적 영성을 강조하는 시기에는 공동체적 구원이 강조됨을 영성사와 교의사를 통해 알 수 있다. 여기서 한 가지 짚고 넘어가야 할 부분이 있다. 종말적 영성과 육화적 영성은 결코 반대되는 개념이 아니라 상호보완적인 개념이라는 것이다. 그리고 사실 어느 시대를 막론하고 상대를 완전히 배제하고 한 가지의 영성만이 존립했던 시기는 있지 않은 것이다. 그런데 현대를 살아가고 있는 오늘날 우리는 어떠한가?

오히려 현세적 사고와 물질만능주의로 인하여 종말적 영성은 뒤로 한 채 육화적 영성만을 너무 강조하고 있다. 육화적 영성만으로는 부족함을 잘 알면서도 우리의 목적을 우리의 천국을 잃어 가고 있다. 천국과 지옥이 믿을 교리임에도 불구하고 전근대적 사고방식이라고 단정하여 우리의 신앙생활에서 뒷전으로 밀어내고 있다. 그러나 한 가지 명심해야 할 것이 있다. 그리스도교는 언제나 내세지향적일 수밖에는 없다는 것이다. 현세는 다만 내세와의 관계하에서만 그 의미를 부여받게 되는 것이다. 이는 오늘날에도 마찬가지이다. 바티칸 공의회는 이러한 사고를 뒷받침해 준다.

"인간적인 것은 신적인 것을 지향하고 또 거기에 종속하며, 볼 수
있는 것은 볼 수 없는 것을, 활동은 관상을, 현세의 것은 우리가 찾는
내세의 도시를 지향한다."[48]

다시 말해서 우리 순교자들의 종말사상과 오늘날 교회의 그것과는
결코 다르지 않다는 것이다. 그리스도교는 전통적으로 천국을 본향
이라는 말로 표현해 왔다. 어떤 의미에서 현대를 사는 우리들 고향
을 잃어버린 실향민들인 것이다. 어떤 상황에서도 우리에게 힘과 용
기와 희망을 갖게 해주는 고향은 잃어버린 채 현세의 것에만 마음을
쓰며 영원히 살 것처럼 현세에 안주하려고 한다. 천국을 바라는 삶
과 바라지 않는 삶과는 그 삶의 질에서 큰 차이가 있다. 우리의 순
교자들은 천국을 바라고 살았기에 어려운 처지에서도, 끌려가면서도,
감옥에서도, 고문 중에도, 그리고 처형당하면서도 기쁨을 잃지 않았
던 것이다. 하느님께서 약속하신 천국을 굳게 믿으셨기에, 삶 자체가
그곳으로 향해가는 여정에 있음을 깨달으셨기에 현세에 초연하실 수
있었으며 어려운 환경에서도 이미 천국을 맛볼 수 있었던 것이다.
그리고 천국을 바라고 사셨기에 늘 깨어 준비하며 사실 수 있었던
것이다. 천국을 잃어버린 오늘날의 우리들 대체 무엇을 희망하며 사
는 것인지 깊이 생각해 보아야 하겠다.

---

48) 전례헌장, n.2   49) 사목헌장, n.58

4. 영성의 土着化

바티칸 공의회 이후 모든 나라들에서는 각국의 전통과 실정에 맞게 그리스도교를 토착화하는 작업에 박차를 가하고 있다. 교회도 시대의 변천에 따라 여러 환경 속에서 살아오면서 그리스도의 메시지를 모든 백성들에게 널리 설교하며 설명하고, 그것을 더 깊이 연구하여 깨닫고, 전례와 여러 계층의 신자 공동체 생활 가운데서 더 잘 표현하기 위하여 문화의 소산을 이용하여 왔다.

이는 우리나라에서도 예외는 아니어서 비록 그 역사와 노력의 정도는 다르다 할지라도 각계각층에서 노력을 경주하고 있다. 그리고 실제로 전례의 토착화에 대한 한국교회의 시도는 다소 미약하기는 하지만 나름대로 좋은 호응과 전망을 제시하고 있다. 그러나 여기에 먼저 선행되어야 할 어떤 것이 있지는 않을까? 즉 형식적이며 외형적인 토착화에 앞서 내면적이며 영적인 토착화가 먼저 이루어져야 하지 않을까? 본고에서 토착화에 대한 명확한 비전이나 방법을 제시할 수 있다고 자신하지는 않는다. 다만 적어도 우리 순교자들의 나름대로의 영적인 토착화 노력을 살펴봄으로써 그것이 왜 선행되어야 하며 또 그것이 없이는 외적인 토착화 또한 무의미하다는 것을 지적하는 데 만족하고자 한다.

사실 우리 순교자들의 토착화 노력은 실로 미약하다. 당시 교회의 완고한 모습은 차치하고서라도 자신의 신앙을 지키기에도 급급한 박해시기에 토착화는 엄두도 못 낼 이상으로밖에 보이지 않았을 것이다. 그러나 바꾸어 생각하면 박해시기였기에 그리스도교는 護教的일 수밖에 없었고 호교적일 수밖에 없었기에 나름대로 토착화의 노력은 계속되었다고 본다. 즉 그리스도교를 받아들이는 사람들은 유럽인이 아닌 한국인들이었고 그들에게 그들이 이해할 수 있는 방법으로 그

리스도교의 진리를 전달해야 했기에, 그리스도교의 진리를 변호해야
했기에 그들의 문화와 사고방식을 빌릴 수밖에 없었던 것이다.

더욱이 하느님을 위해 자신의 하나밖에 없는 목숨을 바치기까지에
는 그리스도교의 진리를 온전히 자신의 것으로 體得하고 소화하지
않고서는 불가능했을 것이기 때문이다. 온전히 자신의 것으로 소화
하고 체득하는 것, 그것이 바로 영적인 토착화라고 생각한다.

교회 지도자들의 공동체적인 토착화의 노력도 물론 중요하지만 더
욱 중요한 것은 모든 신앙인들 각자각자 안에서 이루어지는 영적인
토착화의 노력이라고 본다. 그리고 모든 신앙인 안에서 영적인 토착
화가 이루어질 때 외적인 토착화 또한 자연스럽게 이루어질 수 있을
것이다. 순교자들은 이미 앞에서 살펴본 것처럼 하느님을 위해, 그리
스도교의 진리를 위해 목숨을 바친 사람들이다. 천주의 호칭 문제나
천주가사 등과 같이 교회 선각자들에 의한 토착화의 노력은 둘째 치
더라도 우리 순교자들 모두는 그리스도교의 진리를 온전히 자신의
것으로 소화하고 체득한 분들이다. 비록 외래의 종교이지만 그분들은
그리스도교의 진리 하나하나를 자신의 것으로 자신의 진리로 받아들
였고 또 받아들인 바를 실천하셨던 분들이다. 따라서 그분들의 서간
어디에서나 한국적인 그리스도교의 영성을 발견할 수 있다. 온전히
자신의 것으로 소화, 체득한 그리스도교의 영성을 발견할 수 있다.

"천주교는 아주 공평한 것이어서 거기 대해서는 어른도 아이도 양반
도 상놈도 없네. 그것은 부드럽고 탄력이 있어서 큰 발에나 작은 발에
나 다 맞는 이 버선과 비슷한 걸세." ……그것은 서양에서 온 버선으로
양털로 만든 것이어서 마음대로 늘릴 수 있는 것이었습니다.[49]

"저 자신 아무 덕행도 없으면서 대담하게도 다른 사람들을 격려했습

---

49) 순교자 신태보의 편지(달레, 한국천주교회사 上, p.388)

니다. 참말이지 저는 마치 길가에 놓여져서 길을 가리켜 주면서도 저희들은 한 걸음도 걷지 못하는 저 장승들 같지 않을까요."[50]

"육신이 병들었을 때에 우리나라 약을 써서 효력이 없으면 중국에서 들여온 약을 써서 가끔 병을 고치게 됩니다. 사람은 각기 일곱 가지 죄의 근원을 가지고 있는데 이것은 모두 영혼의 병입니다. 그런데 우리 종교 없이는 이것을 고칠 수가 없습니다."[51]

또한 온전히 자신의 것으로 받아들였기에 우리의 순교자들은 시골의 무식한 아녀자일지라도 자신의 신앙과 신념을 당당하게 변호할 수 있었던 것이다.

"어느 날 양반집의 외인 한 사람이 그에게 '지옥은 대단히 좁다고 말하거늘 어떻게 하여 그 많은 사람을 몰아넣을 수 있소'라고 물었다. 이에 그는 '당신의 좁은 마음속에는 만 권의 책이라도 넣을 수 있지 않겠소. 그러나 그 때문에 좁다고는 생각하지 않지요'라고 말하여 그 사람으로 하여금 '천주교 신자는 배우지 못한 사람일지라도 제법 도리에 맞는 말을 한다'라는 말을 하게 하였다."[52]

물론 오늘날의 토착화 노력과는 그 질과 양에 있어서 상당한 차이가 있음은 주지의 사실이다. 그리고 우리 순교자들의 그리스도교에 대한 한국적이며 전통적인 몇 가지 표현양식을 살펴보는 것만으로 순교자들의 토착화된 영성을 논한다는 것이 다소 무리가 있음은 사실이다. 그러나 중요한 것은 영성의 토착화가 교회의 어느 한 계층에서만 이루어지는 것이 아니라는 것이다. 온 신자 개개인이 굳은 결단으로 그리스도교의 진리를 받아들이고 체득할 때에만이 영적인

---

50) 순교자 이누갈다의 편지(달레, 한국천주교회사 上, pp.553-554)
51) 순교자 신태보의 증언(달레, 한국천주교회사 中, p.135)
52) 柳洪烈, 한국천주교회사 上, p.382.

토착화는 물론 외형적인 토착화도 이루어질 수 있다는 것이다. 결단
이 없이는, 실존적인 신앙에의 투신이 없이는 영성의 토착화는 이루
어질 수 없다. 토착화는 학문적인 것도, 이론적인 것도 아닌 우리의
신앙생활이기 때문이다.

현대의 신앙인들에게 영성의 토착화는 어려운 과제일 것이다. 굳
은 결단이 없기에, 전적인 신앙에의 투신을 두려워하기에, 신앙의 피
상적인 차원에 머물려고 하기에 그리스도교의 진리를 온전히 내 것
으로 소화하고 체득할 수 없다. 그저 주어지는 교리지식을 머릿속으
로만 외우는데 그치고 만다. 온전히 자신의 것으로 소화, 체득하지
못한 채 외적이며 부차적인 토착화의 노력에만 전념하고 있는 실정
이다. 하느님을 위해, 그리스도교의 진리를 위해 목숨을 바치기까지
의 굳은 결단이 없이 영성의 토착화는 가능하지 않다. 즉 순교영성
없이 한국적인 영성의 토착화는 불가능한 것이다. 이런 의미에서 우
리의 순교자들은 개개인의 삶 안에서 신앙 안에서 영성의 토착화를
이루신 분들이다.

V. 순교영성을 위한 몇 가지 提言

앞에서 간략하게나마 순교영성의 바탕과 한국 순교영성의 특징 및
현대적 의의를 살펴보았다. 이제는 그러한 연구를 바탕으로 오늘날
우리들의 과제와 그 전망에 대해서 살펴보도록 하겠다.

1. 순교영성의 研究

한국 천주교회는 지난 세기동안 量的 質的으로 많은 발전을 거듭해왔으며 이제는 2000년대 복음화를 위한 준비로 교회내의 여러 계층들이 여러 분야에서 노력을 경주하고 있다. 이는 물론 하느님의 나라를 가시적이고 제한적인, 그리고 변화해 가는 역사 속에서 이루어 가는 교회로서는 대단히 鼓舞的인 일이며 당연지사인 것이다. 그러나 이러한 노력에 먼저 선행되어야 할, 아니 적어도 함께 병행해야 할 어떤 것이 있지 않을까?

한국 천주교회는 교회사 초기부터 많은 크고 작은 박해를 겪어왔으며 이러한 혹독한 박해 속에서도 굴하지 않고 신앙을 피로써 증거한 많은 순교자들을 가지고 있다. 이것은 한국 천주교회의 큰 자랑거리요 유산인 것이다. 많은 신자들이 우리 신앙의 선조들의 위대함과 모범적인 신앙의 삶을 본받고자 하였으며 활발한 교회사적 연구, 성지개발, 끊임없는 기도 등으로 결국 1984년 103위 성인 시성식을 거행하게 되었다.

그러나 이로써 한국 순교자들에 대한 모든 노력은 끝난 것처럼 보인다. 즉 오늘날 순교자들은 그저 막연한 교회의 자랑거리요 역사학자들이나 흥미를 가지고 탐구하는 연구의 대상이 되어 버렸다. 신자들의 일상과 유리된 韓國敎會史, 의례적인 순교자 성월과 성지순례 때에만 보여지는 잠시적인 공경 등은 피로써 신앙을 증거한 우리의 선조들인 순교자들을 역사의 뒷장으로 밀어내기에 충분했다.

교회의 모든 학문은 신앙과 관련이 있을 때에만, 더 정확히 말하자면 신앙에 도움이 될 때에만 그 존재의 가치를 획득하게 된다. 現今까지 교회의 일각에서 교회사에 대한 연구가 끊임없이 이루어졌음은 의심의 여지가 없다. 그러나 그러한 연구결과들이 신앙과 접목되지 못한 채 학문으로서만 남게 될 때 신자들과의 유리된 골은 더욱 깊어질 수밖에 없다. 즉 교회사적인 연구결과를 바탕으로 순교자들의 영성을 심도 있고 세밀하게 연구하여 더 쉽고 더 구체적으로 신자들에게 제시하지 못한다면, 그리고 신자들의 일상과 접목시키지 못한다면 우리의 순교자들은 다른 많은 역사의 위대한 인물들처럼 역사의 뒤편으로 사라지고 말 것이다.

순교자들의 영성에 대한 끊임없는 연구가 필요하다. 교회사 연구의 한 부분으로서가 아니라 우리 한국적 영성의 발전을 위해 순교자들의 영성을 연구하는 전문기관의 설립이 절대적으로 필요하다. 우리 순교자들의 위대한 순교정신과 사상을 연구하며 또 그것을 오늘날 우리 교회가 되살릴 수 있는 방법을 끊임없이 제시하여야 한다. 즉 어린이들에게는 어린이들에게 맞는, 어른들에게는 어른들에게 맞는, 수도자들에게는 수도자들에게 맞는, 그리고 성직자들에게는 성직자들에게 맞는 순교자들의 영성을 제시하여 교회의 모든 계층에서 그들 나름대로의 순교정신을 고취시켜야 하는 것이다.

2. 日常에서의 殉教精神

오늘날은 예전과 같은 박해의 상황이 있지 않다. 그러면 목숨 바쳐 자신들의 신앙을 지킨 우리 신앙의 先祖들은 현시대를 살아가는 우리들에게 무엇이며 또 무슨 의미인가? 도대체 순교영성, 순교정신을 오늘날을 살아가는 우리들은 어떻게 받아들여야 하고 어떻게 실천해야 하는가?

물론 오늘날은 예전과 같은 박해의 상황은 있지 않다. 그러나 內面的인 박해의 상황은 항상 있어왔음을 알아야 한다. 내 욕망에 의한 박해, 내 의지에 의한 박해, 사회의 불의에 의한 박해는 끊임없이 있어왔다. 하느님의 뜻과 나의 뜻, 하느님의 선과 나의 욕망, 죄로 기울려는 경향 등은 우리의 내면 속에서 끊임없이 박해의 상황을 야기해왔다. 과연 우리는 어떤 것을 선택해왔는가? 사소한 일이라는 이유로 너무도 자주 우리의 일상에서 배교자들이 되었던 것은 아닌가?

이미 앞에서도 살펴본 것처럼 교회는 교부시대부터 이미 무혈의 순교, 일상에서의 순교를 높이 평가해 왔다. 즉 주의 계명과 복음적 삶을 철저히 사는 것 또한 순교로 보았던 것이다. 순교영성의 중심은 목숨을 바치는 것 자체가 아닌 것이다. 목숨을 바치는 행위가 없더라도 하느님을 위해서 많은 것을 포기하며 사는 삶이 바로 순교영성의 핵심인 것이다. 그리고 그러한 자세로 신앙생활을 할 때 더더욱 그리스도를 닮은 삶이, 완덕으로 나아가는 삶이 될 것이다. 외적인 박해가 있지 않은 오늘날에는 일상에서의 순교, 나의 욕망과 죄악에로 기울려는 경향들에서 순교하는 수밖에 없다. 다시 말해서 자그마한 일상에서 순교하는 삶, 모든 것 안에서 하느님을 제일 먼저 생각하고 그분을 위해 많은 자리를 비워 놓으며 그분을 위해 많은 것을 포기하는 신앙생활, 바로 오늘날의 순교라고 할 수 있겠다.

이제 한국교회에서는 "희생"이라는 말을 사용하지 않아야 할 것이다. 도대체 누구를 위한 희생인가? 목적이 생략되어 있는 희생이란 용어 대신 좀 더 적극적이면서도 목적이 분명한 "순교정신"이란 말을 사용하여야 할 것이다. 모든 일을 하기에 앞서 의도적으로라도 "순교정신"이란 지향을 가져야 할 것이다. 우리의 모든 일상을 하느님께 바친다는 의미에서, 우리의 뜻대로가 아니라 하느님의 뜻대로 한다는 의미에서, 나의 그릇된 욕망에서 순교한다는 의미에서 "순교정신"이란 지향을 가져야 할 것이다. 그리고 그렇게 될 때 우리 모두 순교자들이 후예답게 일상에서의 순교자들이 될 수 있을 것이다.

3. 時代를 超越한 證據者

그리스도교의 진리는 시대와 장소를 초월하는 것이다. 물론 시대와 장소에 따라 그 표현양식과 인식방법의 차이는 있겠지만 그리스도교의 진리 자체는 결코 변화될 수 없는 것이다. 그렇다면 백여 년의 세월을 앞서간 우리의 순교자들은 과연 우리에게 무슨 의미이며 또 무엇을 증거하고 있는 것인가? 많은 시간의 흐름과 사회전반의 변화 속에서 과연 아직도 우리의 순교자들은 우리에게 있어 신앙의 증거자인가?

사실 백여 년이라는 시간의 벽을 뛰어넘기란 어려운 일이다. 그리고 사회전반에 걸쳐 그때와는 이미 비교도 할 수 없을 만큼 많은 것들이 변화되고 발전되었다. 이러한 상황 속에서 순교자들은 단지 역사의 다른 많은 위대한 인물들처럼 막연히 존경해야 할 분들로, 혹은 그저 신화 속의 인물들처럼 여겨지는 것이 사실이다. 그러나 한 가지 잊지 말아야 할 것이 있다. 순교자들은 시대를 초월하여 오늘날의 우리들에게도 끊임없이 신앙을 증거하고 계시다는 것이다.

현대를 살아가는 신앙인들, 하느님께로부터 시선을 돌려 세상이 주는 거짓된 위안과 위로에 도취되어있다. 하느님께서 약속하신 천국을 비웃으며 현세가 영원히 계속될 것처럼, 현세만이 최상의 가치인 것처럼 그 안에서 서로 물고 뜯고 아귀다툼을 하며 힘겹게 살아가고 있다. 하느님의 뜻에 겸허하게 따르려고 하기보다는 자기의 뜻에 하느님을 맞추려고 하며 단순하고 가난한 마음을 어리석은 것으로 치부하고 있다.

하느님의 한 형제자매로서 서로를 사랑하고 위하기보다는 나만이 최고라고 하는 이기주의 속에서 하루하루를 힘겹게 경쟁하며 살고 있다. 신앙이라는 것도 그저 현재의 나를 변호해주고 잠시잠깐 마음의 평화를 주는 심리적 치료방법의 하나로밖에 여기지 않고 있다.

그러나 그럼으로써 우리에게 남겨진 것은 무엇인가? 더 깊은 고통, 좌절, 공허감뿐이다. 우리의 순교자들, 참으로 말로 다 형용할 수 없는 고통 속에서 사셨다.

하느님을 믿는다는 단 한 가지 이유 때문에 온갖 고초를 겪으셨다. 그러나 기쁨 속에서 행복하게 사셨다. 더욱이 죽음마저도 기쁜 마음으로 기꺼이 받아들이셨다. 하느님께 보다 큰 영광을 드리기 위해, 하느님을 가장 중요한 분으로 굳게 믿으며 그분의 선하심에 모든 것을 의탁하며 그분의 뜻 안에서, 그분의 뜻을 이루기 위해 사셨다. 하느님께서 약속해 주신 천국을 늘 바라며 그에 합당하게 애덕을 실천하며 현세에서 초월하여 사셨다.

오늘날을 살아가는 우리들보다 훨씬 고통스러운 상황 속에서도 하느님을 굳게 믿으며 하느님께 모든 것을 의탁하는 순교정신으로 사셨기에 우리보다 훨씬 행복하고 기쁘게 살아가실 수 있으셨다. 참 행복과 참 진리가 무엇인지를 깊이 인식하고 그것에 전적으로 투신하며 사셨기에 오로지 기쁨과 참 평화를 누리며 사실 수 있었던 것이다.

우리의 순교자들을 좀 더 實存的으로 가깝게 느낄 필요가 있다. 현대의 形而上學的 惡의 소인들의 실체가 무엇인지 깊이 직시할 필요가 있다. 순교자들이 시대를 초월하여 우리들에게 무엇을 증거하고 있는지 깊이 깨달을 필요가 있다.

Ⅵ. 나가는 말

여러해 전에 우리 사회에서 "족보 찾기 운동"이 여러 계층으로부터 큰 호응을 불러일으키며 전개되었던 것을 기억한다. 자기 존재의 근원에 대한 인식 없이 너무 편리 위주로, 그리고 자기중심적으로 살아온 데 대한 반성이 외적 운동의 형태로 나타난 것이라고 생각한다. 나무가 뿌리 없이 존재할 수 없듯이, 어느 것 하나 태어남을 받지 않은 것이 없듯이 인간도 자기 존재의 근원과 뿌리 없이는 존재할 수 없는 것이다. 즉 자기 존재의 근원과 뿌리에 대한 깊은 자각 없이는 자신의 현존재 또한 위태롭기 마련인 것이다. 그렇다면 이제 우리 교회 안으로 시선을 돌려보자.

우리 가톨릭 신앙인의 뿌리는 무엇인가? 어떻게 해서 오늘날 우리가 가톨릭 신앙을 받아들이게 되었는가? 바로 우리의 순교자들이다. 온갖 환난과 괴로움 속에서도 자신의 목숨을 바칠지언정 하느님을 배반하지 않았던 바로 이 땅의 순교자들인 것이다. 우리가 너무 바쁘다는 이유로, 세태가 그때와는 많이 변했다는 이유로 우리의 신앙생활에서, 우리의 일상에서 너무 소홀히 했던 우리의 순교자들인 것이다.

반쯤 떨어진 목을 치켜들고 거기서 흘러나온 피를 두 손으로 받쳐 들고서도 하느님을 찬미할 수 있었던 분들, 아들의 목에 칼을 들이대고 위협하는 포졸에게 부모로서 쓰린 가슴을 부여잡고 그래도 배교할 수 없다고 하던 분들, 산채로 묻으려고 자신들 위로 흙을 퍼붓는 사람들을 위하여 하느님께 용서의 기도를 올리시던 분들, 굶주림과 목마름 속에서도 차라리 바닥의 흙을 한줌 주워 먹을지언정 하느님을 배반하지 않았던 분들, 유일한 식량이라고는 곪아터진 상처에서 나오는 구더기와 썩어 문드러진 짚단이 전부였던 그분들, 그리고도 배교하기는커녕 같이 잡혀있던 교우들을 서로 격려하던 그분들, 하느님께 대한 열정으로 모든 고문과 역경과 죽음의 위협까지도 물리쳤던 그분들, 바로 우리에게 신앙을 전해주신 분들이다.

우리에게 생명을 전해주신 분들이 부모님들이라면 자신들의 생명을 바쳐 신앙을 전해주신 우리 신앙의 선조들은 우리에게 무엇이며 무슨 의미인가? 우리가 너무 사치스런 신앙생활을 하고 있지는 않은

지, 어떻게 해서 우리에게까지 전달된 신앙인지에 대해 많은 반성이
있어야 하겠다. 바쁘다는 이유로, 세태가 변했다는 이유로 우리의 순
교자들을 우리 삶의 자리에서 너무 뒷전으로 밀어낸 것은 아닌지 깊
이 반성해 보아야 하겠다.

그분들의 삶을 가까이 느낄 필요가 있다. 그분들의 신앙과 순교정
신을 오늘날 되살릴 필요가 있다. 순교자들에 관한 서적을 많이 읽
고 성지순례를 많이 하고 순교자 현양 대회에 빠지지 않고 참석하며
순교자들이 아니면 신앙생활을 못할 것처럼 떠들고 다닌다고 해서
순교자들을 현양하는 것이 아니다. 오늘날 우리의 삶 속에서 순교자
들의 삶을 살지 못하고 그분들의 정신을 기리지 못한다면 그것은 알
맹이 빠진 껍질에 지나지 않는 것이다.

자그마한 일상에서 순교하는 삶, 모든 것 안에서 하느님을 제일
먼저 생각하고 그분을 위해 많은 자리를 비워 놓으며 그분을 위해
많은 것을 포기하는 신앙생활, 바로 오늘날의 순교라고 할 수 있겠
다. 그리고 그러한 자세로 신앙생활을 할 때 그 옛날 우리의 순교자
들이 목숨 바쳐 지킨 신앙을 우리도 우리의 후손들에게 퇴색됨 없이
전해 줄 수 있을 것이다.

"一生一死人所不免今爲天主而死則還是吾願今日問之明日問之惟當
如斯而己打之殺之亦當如斯而己速打速殺"[53]

---

[53] "한 번 나고 한 번 죽는 것은 사람이 면하지 못하는 것인데, 이제 천주를
위하여 죽는 것이 도리어 나의 소원이니, 오늘 묻고 내일에 물어도 이 같을
뿐이오, 때리고 죽여도 역시 이 같을 뿐이 오니, 빨리 때려 속히 죽여 달
라"(김대건 신부의 해주에서의 네 번째 문초) 金九鼎, "聖雄 金大建傳"(서
울: 경향잡지사, 1961), pp.352-353

✿ 참고문헌 ✿

▶ 사전류

1. 이희승.『국어대사전』. 서울: 민중서림, 1981.
2. 『한국가톨릭대사전』. 서울: 한국교회사연구소, 1989.
3. 『성서신학사전』. 광주: 광주가톨릭대학, 1984.
4. 『故事名句名言事典』. 서울: 평범사, 1984.

▶ 단행본

1. 달 레.『한국천주교회사 上·中·下卷』. 최석우 / 안응렬 譯. 왜관: 분
   도출판사, 1980.
2. 유홍렬.『한국천주교회사 上·下卷』. 서울: 가톨릭출판사, 1962.
3. 『최양업신부 서간집』. 임충신 / 최석우 譯. 서울: 한국교회사연구소, 1984.
4. 황사영.『帛書』. 성지배론관리소.
5. 최기복.『유교의 상례에 관한 연구』. 서울: 성균관대학교석사학위논문, 1979.
6. 조 광.『조선후기 천주교사 연구』. 서울: 고대민족문화연구소, 1988.
7. 최기복. "조선조 천주교회의 제사금령과 다산의 조상제사관"『한국교회
   사논 문집Ⅱ』, 1985.
8. 최기복. "朝鮮朝에 있어서 天主敎의 廢祭毁主와 儒敎祭祀의 根本意味"
   『한 국교회사논총』, 1982.
9. 김정옥. "박해기 선교사의 한국관"『한국교회사논문집Ⅱ』, 1985.
10. 김구정.『聖雄 金大建傳』. 서울: 경향잡지사, 1961. *.『맹자』.『효경』.『논
    어』. 서울: 玄岩社, 1967.

▶ 잡지류

박재만. "순교영성의 재발견을 위한 시도"『사목』, 제155호.
김정수. "어제의 한국 천주신앙"『전망』, 제81호.
조 광. "박해시대의 하느님 인식"『사목』, 제124호.

한국순교자영성의
어제와 오늘

• 초판 인쇄	2007년 10월 10일
• 초판 발행	2007년 10월 10일
• 지 은 이	한국순교자영성연구소
• 펴 낸 이	채종준
• 펴 낸 곳	한국학술정보㈜
	경기도 파주시 교하읍 문발리 526-2
	파주출판문화정보산업단지
	전화 031) 908-3181(대표) · 팩스 031) 908-3189
	홈페이지 http://www.kstudy.com
	e-mail(출판사업부) publish@kstudy.com
• 등 록	제일산-115호.(2000. 6. 19)
• 가 격	22,000원

ISBN　978-89-534-7531-1 93230 (Paper Book)
　　　　978-89-534-7532-8 98230 (e-Book)